Vom Bodensee bis zum Brandnertal

W0190425

Jörg und Hilda Heine

Vom Bodensee
bis zum Brandnertal

80 ausgewählte Bergwanderungen und
Spaziergänge zwischen Bodensee und
Brandnertal mit Rheintal, Oberland,
Großwalsertal und Walgau

Mit 76 Farbfotos und 80 Wanderkärtchen
im Maßstab 1 : 50 000

BERGVERLAG RUDOLF ROTHER GMBH · MÜNCHEN

Umschlagbild:

Im Brandnertal

Foto: Poosch (LFVA Vorarlberg)

Bildnachweis (Tourennummern):

K. A. Bell 22, 23, 46, 51. VA Bludenz 7, 70, Seite 11. VV Brandnertal/
Bludenz, Foto Flaig 78, 80. VV Brandnertal/Bludenz, Foto Sieberts 73.
VV Bodensee Rheintal, 10, 11. VV Dornbirn 17, 18. J. Grabher 8, 9.
VV Großwalsertal 63. VV Großwalsertal, Foto Häusle 56, 57, 59, 64, 65.
S. Gruber 3, 15, 16, 25, 36, 55. F. Haberl 34, 47, 66. VV Hörbranz 6.
H. Häusle 58, 60. Landesbildstelle Vorarlberg 1, 20, 21, 24, 26, 28, 31,
37, 40, 42, 43, 49, 54, 61, 71. LFVA Vorarlberg 4, 5, 12, 14, 27.
LFVA Vorarlberg, Foto Häusle 2, 30, 32, 33, 38, 39, 67, 68, 69, 72, 76.
LFVA Vorarlberg, Foto Kreuzer 14, 75, 79. LFVA Vorarlberg, Foto Storto
35. L. Langer 52, 53. VV Laterns, Foto Häusle 29. Bergsport Leitner 19.
H. Mohr 13. VV Oberland 41, 45. VV Schlins 44.

Kartenskizzen:

Kartographischer Verlag W. Mayr, Innsbruck

Vorwort

Vom Bodensee bis zum Gletschereis der Schesaplana reicht das Gebiet dieses Wanderführers. Unser Ziel war, leichte bis mäßig schwierige Wanderungen mit nicht allzu langer Gehzeit und doch ausreichender Gelegenheit zur Bewegung zu finden. Wo möglich, werden ein anderer Rückweg und ein netter Einkehrplatz vorgeschlagen. Viele dieser Ausflüge sind auch für Kinder im Schulalter geeignet. Im Frühling wählt man Höhenlagen unter der Schneegrenze. Wir wollen dem Wanderer Touren anbieten, die ihm noch unbekannt sind. Vor allem waren wir bemüht, stille Wege zu finden.

Alle Routen haben wir ausnahmslos selbst begangen; die Aufzeichnungen machten wir an Ort und Stelle. Einen Übersichtsplan findet man auf der Rückseite des Buches. Unterwegs kann man sich auf einer Doppelseite, ohne umzublättern, über alles Wissenswerte informieren. Die für die Tourenauswahl wichtigen Angaben sind einheitlich gestaltet. Jede Route ist mit der dazugehörigen Einzelkarte und dem Text gut zu finden. Das Farbbild soll einen Eindruck von der betreffenden Gegend vermitteln.

Wir wünschen allen wandernden Naturliebhabern viel Freude beim Kennenlernen unserer schönen Heimat.

Hard, im Frühjahr 1992   Jörg und Hilda Heine

Inhaltsverzeichnis

Touristische Hinweise

Gebrauch des Führers

Das Inhaltsverzeichnis gliedert das Gebiet in Regionen. Zur Vermeidung einer Behinderung durch Schnee beachte man die Höhenangaben. Auskunft über Schwierigkeitsgrad und Gehzeiten findet man im Kopf jeder Tourenbeschreibung. Im Stichwortverzeichnis am Endes des Buches sind alle behandelten Berggruppen, Talorte, Stützpunkte und Tourenziele angeführt. Die Übersichtskarte auf der letzten Seite macht die Auswahl einfach. Die Wegbeschreibung geht ins Detail, so daß man den Führer unbedingt mitnehmen sollte.

Anforderungen

Die meisten Wanderungen verlaufen auf gut instandgehaltenen und markierten Steigen und Wegen. Dies sollte jedoch nicht darüber hinwegtäuschen, daß manche Stellen Trittsicherheit und Schwindelfreiheit erfordern. Außerdem ist zu beachten, daß die Touren im Frühsommer und nach längeren Schlechtwetterperioden erhöhte Anforderungen aufweisen können.

Um die jeweiligen Anforderungen besser einschätzen zu können, wurden die Nummern der Tourenvorschläge mit verschiedenen Farben markiert. Diese Farben erklären sich wie folgt:

BLAU

Der Weg ist gut und lückenlos markiert, ausreichend breit und nur mäßig steil, daher auch bei Schlechtwetter relativ gefahrlos zu begehen. Diese Wege können auch von Kindern und älteren Leuten ohne große Gefahr begangen werden.

ROT

Diese Steige sind ausreichend markiert, überwiegend aber schmal und über kurze Abschnitte bereits etwas ausgesetzt. Kurze Strecken dieser Steige können bereits mit Drahtseilen abgesichert sein und sollten daher nur von trittsicheren, mit entsprechender Ausrüstung ausgestatteten Bergwanderern begangen werden.

SCHWARZ

Diese Steige sind ebenfalls ausreichend markiert, aber schmal und über weite Abschnitte steil angelegt. Stellenweise können sie sehr ausgesetzt sein, manchmal wird die Zuhilfenahme der Hände notwendig. Dies bedeutet, daß diese Wege nur von absolut trittsicheren, konditionsstarken und alpin erfahrenen Wanderern angegangen werden sollten.

Gefahren
Bei Einbruch von Nebel oder wenn man von der Dunkelheit überrascht wird, können Gefahren auftreten. Rechtzeitiger Aufbruch, Mitführen einer Taschenlampe und Beachtung des Wetters verringern das Risiko. Gefährlich sind auch Altschneereste im Steilhang, besonders wenn sie hartgefroren sind.

Ausrüstung
Bergschuhe, Rucksack, Strickjacke, Wollmütze, Wollhandschuhe, Sturmjacke, Regenumhang, Sonnencreme, Taschenlampe und Tourenproviant mit Wasserflasche sind Voraussetzung.

Karten
Die jeder Tour beigegebenen Einzelkarten mit Routeneintragungen erleichtern die Wegfindung, ansonsten können die Freytag & Berndt-Wanderkarten 364 „Bregenzer Wald" und 371 „Bludenz-Klostertal-Montafon" empfohlen werden.

Gehzeiten
Für 300 m Aufstieg wurde 1 Std., für 1 km ebene Strecke 15 Min. berechnet. Beim Abstieg kann ein Drittel abgezogen werden. Die Zeit für Pausen muß zu den angegebenen Gehzeiten dazugerechnet werden.

Schutzhütten, Gaststätten, Restaurants
Diese sind unter Einkehrmöglichkeiten angeführt.

Künstliche Anstiegshilfen
Bei einigen Touren wurden Seilbahnfahrten eingeplant, es ist jedoch jeweils auch der Anstieg zu Fuß möglich.

Abkürzungen

B.	= Betten	Ghf.	= Gasthof
bez.	= bezeichnet	L.	= Lager
Bez.	= Bezeichnung	Nl.	= Notlager
Ghs.	= Gasthaus	Pkw	= Personenkraftwagen

Wandergebiet Bürserberg.

1 Bregenz — Känzele — Fluh
Höhenweg mit Rheintalsicht

Bregenz — Gebhardsberg — Känzele — Fluh — Bregenz

Talort: Bregenz, 424 m, Hauptstadt des Landes Vorarlberg, Festspielstadt zwischen Berg und See.
Ausgangspunkt: Gallusstift.
Parkmöglichkeit: In der Nähe.
Gehzeiten: Aufstieg 1¼ Std. Abstieg 1 Std.

Anforderungen: Bei Nässe ist auf rutschige Wurzeln zu achten.
Höchster Punkt: Fluh, 747 m.
Einkehrmöglichkeiten: Berghof Fluh, Ghs. Adler auf der Fluh.
Sehenswertes: Die Aussicht auf den See.

Dieser besonders abwechslungsreiche Ausflug führt zuerst durch alten Mischwald und bietet dann einen Prachtblick auf den Bodensee. Schließlich ersteigen wir die Kante einer Felswand.

Blick vom Pfänder auf Bregenz.

Aufstieg über den Gebhardsberg zur Fluh: Vom Gallusstift nicht auf die Asphaltstraße, sondern links daneben einen gut gepflegten Gehweg hinauf. Nach Überquerung der Autostraße weist ein Schild zum Gebhardsberg. Ein Waldlehrpfad führt zum Parkplatz unter dem Wallfahrtskirchlein. Dort lohnt sich der Abstecher zum Gebhardsbergrestaurant mit einmaligem Aussichtsplatz. Dann überqueren wir den Parkplatz und folgen dem Wegweiser in Richtung Fluh und Pfänder. Nach einem Rastplatz mit Bank bitte achtgeben: Man verläßt den Güterweg und geht rechts der Felskante entlang über den Känzelegrat, der wildromantisch auf die Nagelfluh-Felswand führt. Am höchsten Punkt des Känzeleweges liegt der Rastplatz „Känzele". Nun etwas abwärts durch den Wald und dann hinauf zur Fluh.

Der Abstieg führt wieder auf dem Känzeleweg hinab, weil dieser der schönste ist. Die Einmündung finden wir etwa 300 m nach dem Berghof links.

2 Über den Pfänder nach Lochau

Eine Familienwanderung bergab

Bregenz — Auffahrt mit der Pfänderbahn — Wildpark — Haggen — Lochau — Uferweg

Talort: Bregenz, 424 m.
Ausgangspunkt: Die Talstation der Pfänderbahn.
Parkmöglichkeit: Parkplatz bei der Talstation.
Gehzeiten: 2½ Std. für den Abstieg und Rückweg.

Anforderungen: Gute Wege.
Höchster Punkt: Pfänder, 1064 m.
Einkehrmöglichkeiten: Bergrestaurant bei der Bergstation. Ghs. Seibl, Ghs. Haggen.
Sehenswertes: Der Wildpark, der Bodenseeblick.

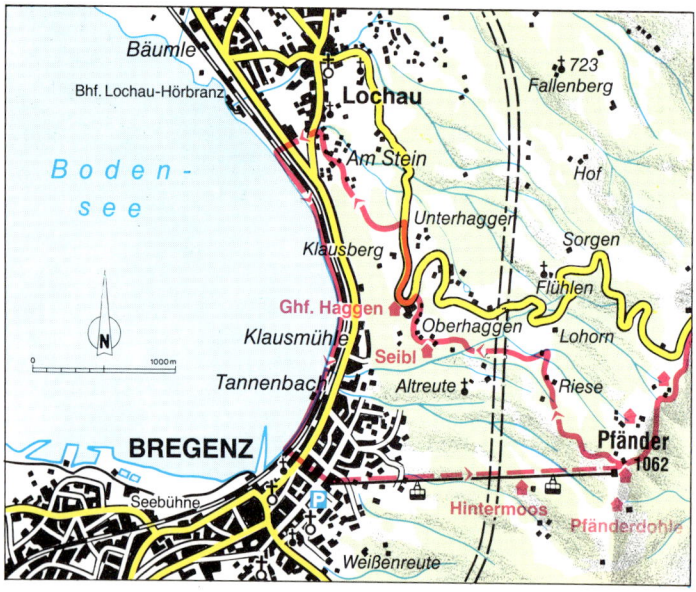

Der Pfänder, Hausberg von Bregenz, bietet einen hervorragenden Blick über den Bodensee, auf das Rheintal und bis weit in den Bregenzerwald hinein. Ein frei zugänglicher Wildpark liegt am Beginn unseres Abstieges. Steinwild, Mufflons, Wildschweine, Rothirsche und Kleintiere, die die Kinder erfreuen, machen den Rundgang sehenswert.

Blick vom Pfänder auf Bregenz.

Abstieg nach Lochau: Am tiefsten Punkt des Wildparks weist uns ein Schild in Richtung Riese und Lohorn. Diesen wenig begangenen Weg wählen wir für den Abstieg. Bei den ersten Häusern sind wir in der Parzelle Riese. In der folgenden Parzelle Lohorn, beim Wegweiser nach Buchenberg, Haggen und Lochau, zwischen Haus Lohorn Nr. 8 und dem großen Stall links am Garten vorbei. Auf einem einsamen Weg folgen wir Fußspuren über eine Brücke (dort nicht rechts abzweigen). Bei der nächsten Wegkreuzung geradeaus. Wir treffen auf eine Nebenstraße, auf der wir rechts weitergehen. Dem Wegweiser nach Haggen und Lochau folgend, kommen wir in Oberhaggen zum Ghs. Seibl mit schönen Blick auf Bregenz. Das Sträßchen führt dann auf einer Abkürzung zum Ghs. Haggen. Dort weist eine Tafel links auf einen Fußweg nach Lochau. Bei einer Abzweigung nach 30 m gehen wir rechts und kommen nach Lochau.

Auf dem Seeuferweg nach Bregenz: Über Nebenstraßen kann man in Lochau das Seeufer erreichen. Vom dortigen Strandbad führt ein Fußweg zum Hafen in Bregenz. In wenigen Minuten finden wir von dort zum Ausgangspunkt bei der Pfänderbahn zurück.

3 Bregenz — Hard
Ebene Wanderung am See entlang

Bregenz — Mehrerau — Bregenzer Ache — Harder Seeufer — auf dem gleichen Weg zurück

Talort: Bregenz, 424 m.
Ausgangspunkt: Bregenzer Seeanlagen bei der Bahnüberführung.
Parkmöglichkeit: In der Nähe des Bahnhofs.
Gehzeiten: Hinweg 2½ Std. Rückweg 2½ Std. oder Rückfahrt mit dem Bus.

Anforderungen: Leichter Spaziergang ohne Steigungen.
Einkehrmöglichkeiten: Zahlreiche Gasthäuser in Bregenz und Hard.
Sehenswertes: Die Bregenzer Festspielbühne, die Seeanlagen in Bregenz und Hard.

Ein unterhaltsamer Spaziergang führt am gepflegten, unverbauten Bodenseeufer entlang zu einem idyllischen Rastplatz im Schilfgebiet zwischen Dornbirner Ache und Rhein. Sonnenhungrige sollten die Badekleidung nicht vergessen.

Uferwanderung von Bregenz nach Hard: Das Festspielgelände, das wir, am See entlanggehend, passieren, ist eine Attraktion für sich. Am Strandbad und Hallenbad vorbei, wird unser Weg nach dem Jachtclub besonders schön: Schilfbestände und unverbautes Seeufer machen diesen Gang zum Vergnügen. Bei einer Imbißstube finden wir eine Tafel der Landeshauptstadt Bregenz, die auf den künftigen Naturpark Achmündung hinweist. Wir gehen

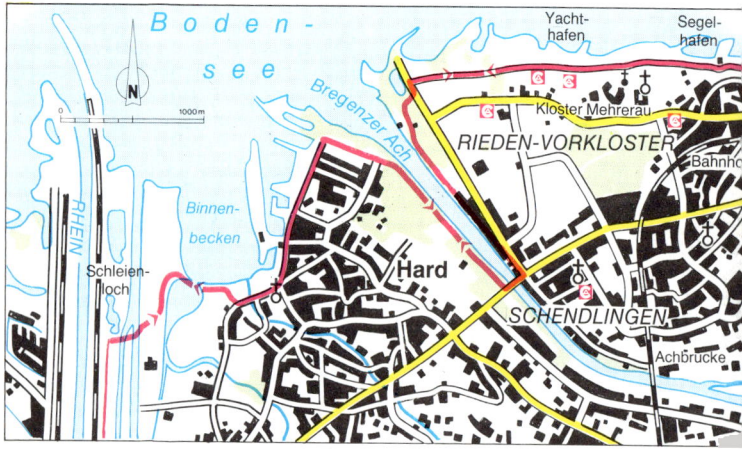

Fischteich in Hard

geradeaus zur Mündung der Bregenzer Ache. Dann folgen wir dem Flußlauf aufwärts, teils am Wasser, teils auf einem Spazierweg, bis zur ersten Achbrücke. Nach der Brücke wenden wir uns auf den Achdamm flußabwärts. An der Achmündung finden wir einige romantische Badeplätze. Im Fluß liegt eine künstliche Vogelbrutinsel.

Wir folgen nun dem Ufer. Die ehemalige Rheinauflandung in Hard hat eine großzügige Ufergestaltung ermöglicht. Nach drei Häfen kommen wir zum größten Strandbad des Bodensees. Es folgt ein weitflächiges Erholungsgebiet am See mit Kiosken, Seecafé etc. Schließlich über eine Holzbrücke zum Fischparadies „Schleienloch" spazieren.

Der Rückweg erfolgt auf der gleichen Route, Abkürzung ist möglich. Von der Ortsmitte Hard gibt es eine Busverbindung nach Bregenz.

4 Von Lochau nach Eichenberg

Leichte Wanderung zu einem Höhenort mit Bodenseeblick

Lochau — Ebnet — Eichenberg

Talort: Lochau, 414 m, Dorf zwischen See und Pfänder.
Ausgangspunkt: Schloß Hofen.
Parkmöglichkeit: Beim Schloß Hofen.
Gehzeiten: Aufstieg 1½ Std. Abstieg 1 Std.

Anforderungen: Erholsame Wanderung.
Höchster Punkt: Eichenberg, 796 m.
Einkehrmöglichkeiten: In Eichenberg drei Gasthäuser.
Sehenswertes: Der Ausblick auf den Bodensee.

Eine Wanderung zu dem in schönster Aussichtslage über dem Bodensee thronenden Dörfchen Eichenberg.

Aufstieg nach Eichenberg: Wir fahren nach Lochau Richtung Hohenweiler bis zur Abzweigung nach Eichenberg. 300 m nach dieser Abzweigung folgt die Gastgewerbeschule Schloß Hofen. Dort wird geparkt; zu Fuß rechts an der Schule vorbei den Althofweg hinauf. Die Rechtsabzweigung bei einer Bank beachten wir nicht.

Der von Schluchten durchzogene Berghang ist mit einem alten, hochstämmigen Mischwald bewachsen. Linker Hand stürzt ein Wasserfall über eine Sandsteinstufe. Der Wildbach zwängt sich durch Nagelfluhfelsblöcke. Auf der folgenden neuen Eichenberger Straße gehen wir rechts aufwärts, bis nach 5 Minuten ein Schild nach Ebnet und Fallenberg unseren Weg bezeichnet. Beim ersten Haus rechts sind wir in Ebnet. Es bietet sich bald ein schöner Ausblick auf den Bodensee.

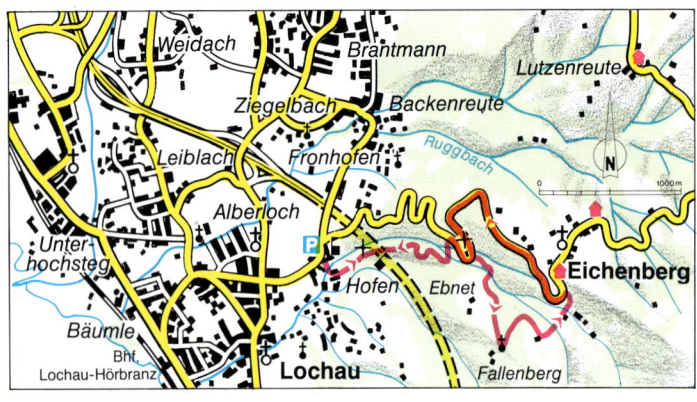

Lochau vom Eichenberg.

In Fallenberg folgen wir bei der Kapelle links dem Wegweiser nach Eichenberg. Der Waldweg führt zu einer Kreuzung, nach der wir linkshaltend Eichenberg erreichen. Das stille Dorf zieht durch seine schöngelegenen Gastbetriebe viele Ausflügler und Feriengäste an.

Den Abstieg nach Lochau beginnen wir beim Hotel Schönblick, wo wir links einem Nebenweg folgen. Auf dem Höhenrücken sollte man sich Zeit lassen, um die einmalige Aussicht länger zu genießen. Am nächsten Bauernhof links vorbei, geradeaus zu einem Viehgatter. Wir folgen einem Karrenweg, der linkshaltend zur neuen Straße führt. Auf dieser bis zur Linksabzweigung des vom Aufstieg bekannten Weges nach Lochau und zum Ausgangspunkt zurück.

5 Eichenberg — Trögen — Lutzenreute

Rundwanderung auf dem Pfänderstock

Eichenberg — Trögen — Hochberg — Lutzenreute — durchs Tobel zurück

Blick vom Eichenberg auf den Bodensee.

Talort: Eichenberg, 796 m, kleines Dörfchen am Pfänderhang, beliebtes Ausflugsziel.
Ausgangspunkt: Ghs. Schönblick, Tafel „Hochbergweg Nr. 12".
Parkmöglichkeit: Zwischen Kirche und Ghs. Schönblick.
Gehzeiten: Eichenberg — Trögen ¾ Std., Trögen — Lutzenreute ½ Std., Lutzenreute — Eichenberg 1 Std.

Anforderungen: Gute Bergwege; es ist jedoch genau auf die Beschreibung zu achten.
Höchster Punkt: Hochberg, 1071 m.
Einkehrmöglichkeiten: In Eichenberg drei Gasthäuser, Trögerstüble, Ghs. Paradies in Lutzenreute.
Sehenswertes: Der Bodenseeblick vom Ghs. Paradies, die Rundsicht vom Hochberg aus.

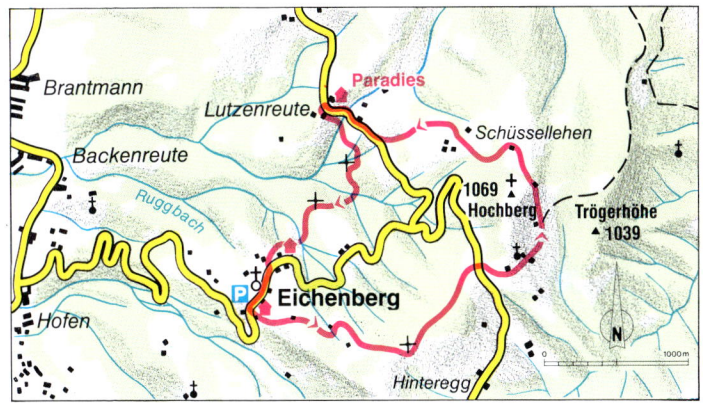

Diese Wanderung vereint alles, was für einen ausgesucht schönen Ausflug wünschenswert ist: gepflegte Gaststätten und eine weite Berglandschaft über dem See, die wir über stille Parzellen durchwandern.

Aufstieg von Eichenberg nach Trögen: Von der Tafel zum Hochbergweg beim Ghs. Schönblick gehen wir am Haus Nr. 5 vorbei in Richtung Hochberg (Wegweiser). Auf einer Waldlichtung erreichen wir bald den Haldenweg (Nr. 13). Die rote Markierung ist erst nach 20 m an einer Fichte zu finden. Bei einem Wegkreuz auf dem Pfänderrücken folgen wir dem Wegweiser nach Hinteregg. Nach einem Bildstock führt das Sträßchen mit Bregenzerwaldblick auf die Pfänderstraße. An der Kreuzung Gorbachen vorbei, zur nächsten Abzweigung und hinauf zur Kapelle Trögen. Am Weg liegt das Trögerstüble. Am Ende der Asphaltstraße folgt ein Zollhäuschen mit Wegweisern. Dort nach 50 m links zum gut sichtbaren Kreuz des Hochbergs mit schöner Rundsicht.

Abstieg: Zurück bis zur Hochbergalm, von dort auf dem Schüssellehenweg nach Lutzenreute. Wir gehen bis zum bewaldeten Steilhang und an diesem entlang auf eine spitz zulaufende Wiese hinab. An einem Heustadel vorbei führt ein Weg zum großen Bauernhof Schüssellehen. Dem Wegweiser nach Lutzenreute folgend, erreichen wir das Ghs. Paradies. Nach Überquerung der Autostraße finden wir die Tafel nach Ruggburg. Auf einem Asphaltsträßchen 200 m bergab; dann zweigt beim Beginn des Tobels links ein unscheinbarer Fußweg ab, der alte Kirchweg von Lutzenreute nach Eichenberg (Nr. 5). Auf diesem romantischen Waldweg durch die Schlucht erreichen wir unseren Ausgangspunkt in Eichenberg.

6 Rund um Hörbranz

Spaziergang am Fluß entlang und durch Wiesen zurück

Hörbranz — Oberhochsteg — Bad Diezlings — Leonhards — Hörbranz

Talort: Hörbranz, 426 m.
Ausgangspunkt: In der Nähe des Parkplatzes bei der Kirche beginnt der St.-Martins-Weg (Nr. 4).
Parkmöglichkeit: Parkplatz bei der Kirche.
Gehzeiten: Hörbranz — Bad Diezlings 1 Std., Rückweg ¾ Std.
Anforderungen: Spaziergang ohne Anstrengung. Ausweis erforderlich.
Einkehrmöglichkeiten: In Bad Diezlings und Hörbranz.
Sehenswertes: Das breite Flußtal der Leiblach.

Diese gemütliche Runde führt auf der deutschen Seite den Grenzfluß hinauf. Beim beliebten Einkehrplatz Bad Diezlings beginnt der Rückweg über ein großes Landwirtschaftsgebiet mit sehenswerten Bauernhöfen.

Von Hörbranz nach Bad Diezlings: Der betafelte St.-Martins-Weg beginnt mit der Markierung Nr. 4, die uns den ganzen Weg begleitet. Nach der Parzelle Straußen überschreiten wir beim Zollamt Oberhochsteg die Grenze. Die erste Straße rechts (mit „G" bez.) führt die Windungen der Leiblach entlang zum Grenzübergang Lochersteg. Von hier aus werden wir bald das Restaurant Bad Diezlings erreichen, wo wir nach Belieben unseren Appetit stillen können.

Rückweg über Leonhards: Ein linksweisendes Schild zum Wanderweg Nr. 4 führt in ein weites Landwirtschaftsgebiet mit großen Bauernhöfen. Auf dem Birkenweg erreichen wir über freie Flächen die Parzelle Leonhards. Von dort aus kehren wir auf verkehrsarmen Nebenstraßen zu unserem Ausgangspunkt in Hörbranz zurück.

Hörbranz.

7 Hohenweiler — Rucksteig

Rundwanderung durch alten Mischwald zu einem Gasthaus auf der Höhe

Hohenweiler — Schatten — Rucksteig — Finken — Hohenweiler

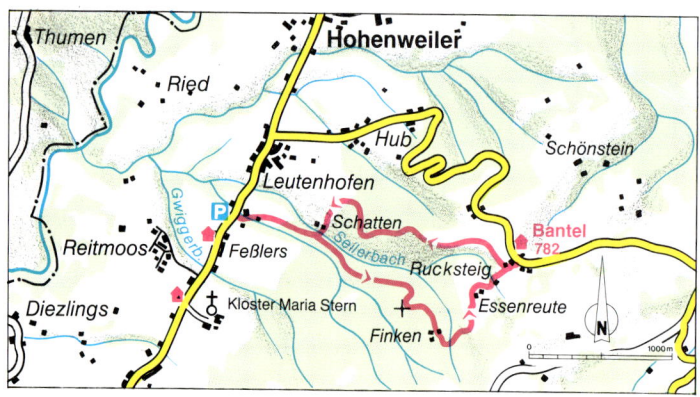

Talort: Hohenweiler, 494 m, nördlichstes Grenzdorf Vorarlbergs am Pfänderstock.
Ausgangspunkt: 1½ km vor Hohenweiler beim Ghf. Krone.
Parkmöglichkeit: Beim Ghf. Krone.
Gehzeiten: Aufstieg bis Rucksteig 1 Std., Abstieg ¾ Std.

Anforderungen: Die Markierung ist genau zu beachten.
Höchster Punkt: Rucksteig, 782 m.
Einkehrmöglichkeiten: Ghf. Bantel in Rucksteig, Ghf. Krone in Hohenweiler.
Sehenswertes: Blick auf den Bodensee, zahlreiche Baumarten.

Diese Rundwanderung wurde auf fast vergessenen Wegen neu markiert.

Der Aufstieg von Hohenweiler beginnt 200 m nach dem Ghf. Krone in Richtung Hohenweiler beim Wegweiser nach Schatten. Der Weg ist blau-rot markiert. Bei der ersten Kreuzung links, wir folgen der blauen Markierung, nicht der roten. Das Haus ist die Parzelle Schatten. 30 m weiter zweigen wir rechts ab. Nach einer Hütte im Wald führt ein alter Hohlweg bis zu einer blauen Markierung. Von dort steigen wir auf einem schwach sichtbaren Trampelpfad steil hinauf. Er kreuzt einen Querweg und führt als blau markierter Traktorweg weiter. 10 m vor einer Ebene verlassen wir den Traktorweg und gehen bei der blauen Markierung geradeaus. Die nächste Markierung ist nicht auf Sichtweite angebracht, sondern erst nach 30 m weglos zu finden. Nach dieser Abzweigung führt ein alter Pfad als Hohlweg weiter (blaue Markierung).

Zuletzt geht der Hohlweg zwischen Nagelfluhfelsen hindurch zu einer Wiese mit Lichtleitung. Wir gehen am linken Rand der Wiese hinauf und finden einen blau markierten Traktorweg. Dieser mündet auf die Autostraße, der wir rechts etwa 200 m lang bis zum Ghf. Bantel folgen.

Abstieg über Finken: Nach dem Ghf. Bantel links zur Sennerei, dort beim Wegweiser nach Essenreute und Finken in die angezeigte Richtung weiter. Die ebene Straße mit Bodenseeblick führt zunächst an zwei Höfen vorbei, dann, nach einem Waldstück, folgen vor den nächsten zwei Höfen eine rote Markierung und eine Rechtsabzweigung. Vor dem ersten Hof nochmals eine Rechtsabzweigung vom Asphaltweg auf einen Schotterweg, den wir hinabgehen. Auf diesem rot markierten Weg überblicken wir an einigen Stellen den Bodensee. Es folgt eine Viehweide, auf der wir am rechten Rand entlanggehen. Rote Markierungen und ein Pfeil bei einem Kreuz weisen uns den Weg.

Der Waldweg ist abwechslungsreich, da viele Baumsorten jeden Alters das Bild beleben. Bei einer Weggabelung gehen wir rechts und kommen bei einem kleinen Stadel auf den Aufstiegsweg zurück.

Bergwald.

8 Hard — Fischerbrücke
Spaziergang im Auflandungsgebiet des Rheins

Strandbad — Seeanlagen — Fischerheim — Rheindamm

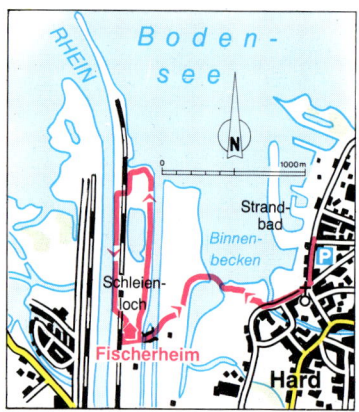

Talort: Hard, 404 m, hübscher Bodensee-ort mit vielfältigen Vergnügungsmöglichkeiten.
Ausgangspunkt: Strandbad.
Parkmöglichkeit: Parkplätze beim Strandbad.
Gehzeiten: 1 Std. bis zur Mündung Dornbirner Ache, der Rückweg 1 Std.
Anforderungen: Keine.
Einkehrmöglichkeiten: Strandbad, Fischerheim, mehrere gute Gasthäuser in Hard.
Sehenswertes: Die gepflegten Seeanlagen und das Schilfgelände mit interessantem Vogelbrutgebiet beim Schleienloch.

Durch die Auflandung der Rheinmündung wurden in Hard Sanierungen nötig, um dem Ort das Seeufer zu erhalten. Ergebnis dieser Arbeit ist heute ein unverbautes Ufer. Einem blumengeschmückten, großzügigen Erholungsbereich folgt eine Wiesenfläche mit dem Abschlußdamm des Binnensees. Dann lernen wir ein naturbelassenes Schilfgebiet mit einer Wasserfläche zwischen zwei Flüssen kennen.

Vom Strandbad zur Mündung der Dornbirner Ache: Wir beginnen unseren Spaziergang beim Strandbad. Am großen Binnenbecken wandern wir der Uferlinie Richtung Rhein entlang.
Dieser Uferbereich zählt zu den beliebtesten Naherholungsgebieten. Spaziergänger, Fischer, Segler, Bootsfahrer, Windsurfer, Badegäste oder Leute, die einfach am See sitzen wollen, finden hier einen 5 km langen Uferstreifen, der anfangs zum Teil gepflegte Anlagen mit Einkehrmöglichkeiten und in der Fortsetzung ein naturbelassenes Ufer aufweist, das wir auf diesem Spaziergang kennenlernen wollen. Bei der Dorfbachbrücke lassen sich Bläßhühner, Enten und Schwäne gerne füttern, was besonders für die Kinder ein Spaß ist.
Der Eisensteg am Fischteich führt auf ein großes Aufschwemmgebiet, das von der Dornbirner Ache begrenzt ist. Ein langer Abschlußdamm gegen den

See ist dort für den Spaziergänger lohnend. Links den Fischteich entlang bis zur neuen Holzbrücke über die Dornbirner Ache und auf einem Steg über den Lustenauer Kanal. Unmittelbar nach dem Steg gehen wir rechts auf den Damm der Dornbirner Ache, dem wir bis zum See folgen.
Zwischen Rhein und Dornbirner Ache liegt ein Schilfgebiet, in dem die Lachmöve einen Massenbrutplatz hat. Auf dem Zwischendamm zum Rhein hat man freie Sicht auf den See; dort lohnt es sich, nach Wasservögeln Ausschau zu halten.

Schwanennest bei Hard.

Rückweg am Rhein entlang: Vom erhöhten Rheindamm überblicken wir das Schilfgebiet mit den offenen Wasserflächen; das Kreischen der Möwen erfüllt die Luft. Zum Abschluß kann man noch im idyllisch gelegenen Fischerheim einkehren.

9 Rund um Hard

Seeufer, Riedflächen, Auwald

Strandbad — Dornbirner Ache — Ried — Bregenzer Ache

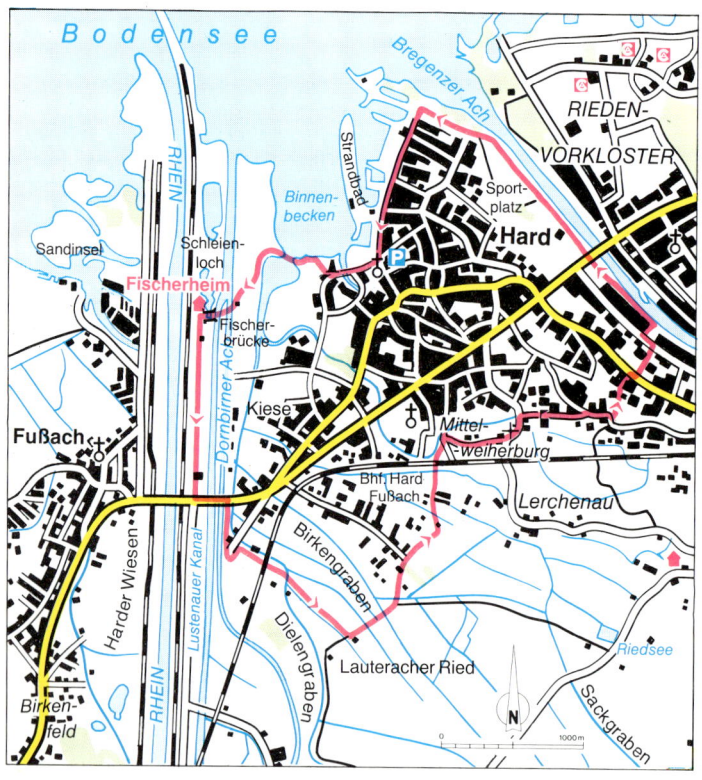

Talort: Hard, 404 m, Bodenseeort im Drei-
ländereck mit unverbautem Strand.
Ausgangspunkt: Strandbad.
Parkmöglichkeit: Beim Strandbad.
Gehzeiten: Am See und Fluß entlang

1 Std., durch Ried und Wiesen 1½ Std.
Anforderungen: Keine.
Einkehrmöglichkeiten: Strandbad, Fi-
scherheim, Gasthäuser im Ort.
Sehenswertes: Das See- und Flußufer.

Die Bodenseegemeinde Hard ist von Gebieten eingerahmt, die für den Wanderer besonders reizvoll sind.

Beginn der Runde am See entlang: Beim Strandbad zeigt eine Übersichtstafel den ganzen Wegverlauf. Wir gehen in Richtung Kirche und bleiben bis zum Surfplatz am Ufer. Von hier ab kann die große Runde bis zum grünen Außendamm gemacht werden, oder man geht links dem Fischteich entlang über die Holzbrücke zum Schleienloch zwischen Dornbirner Ache und Rhein. Dort liegt beim Fischerheim ein Schilfgebiet mit kleinen Dämmen und Plätzen.

Rheinried und Ortsumrundung: Vom Fischerheim rheinaufwärts findet man in der Nähe vom Ghs. Neuer Rhein Wegweiser, die auf den Rundweg um Hard bis zur Bregenzer Ache weiterführen. Auch eine Erweiterung der Wanderung auf dem Weg nach Lauterach durch das Lauteracher Ried ist lohnend. Die Bregenzer Ache entlang führt uns die Beschilderung dann wieder zum Ausgangspunkt zurück.

Schleienloch bei Hard.

10 Fußach — Rheindelta, 398 m

Vogelkundliche Rundwanderung im Ried und am Seeufer

Fußach — Ried — Polderdamm — Pumpwerk II — Lochsee — Fußach

Talort: Fußach, 398 m Gemeinde am unverbauten Bodenseeufer, am Rande des Naturschutzgebietes.
Ausgangspunkt: Ortsmitte, in Richtung Riedlerstraße.
Parkmöglichkeit: In Ortsmitte.
Gehzeiten: Bis Pumpwerk II 1 Std., Rückweg neben Lochsee 1 Std.

Anforderungen: Einfache Wanderung in der Ebene. Wegfindung mangels Markierung manchmal problematisch. (Fernglas mitnehmen.)
Einkehrmöglichkeit: Campingplatz, Seerestaurant sowie in Fußach.
Sehenswertes: Die Vogelwelt des Rheindeltas.

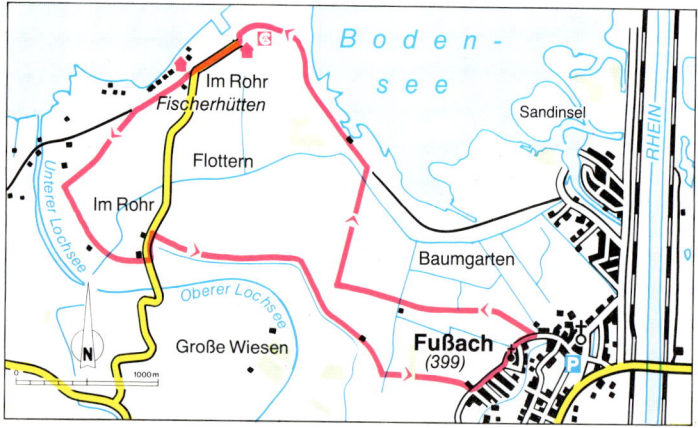

Als größtes Ried am Bodensee hat das Rheindelta als Lebensraum für 83 regelmäßige Brutvogelarten internationale Bedeutung erlangt.

Von Fußach bis zum Seerestaurant: Die Anfahrt erfolgt bis zur Tafel „Ortsmitte" in Fußach, dann beim Lebensmittelgeschäft die Riedlerstraße hinunter. Bei einer Straßengabelung am Ortsende rechts am Haus Riedlerstraße 135 vorbei. Eine Straße mit Fahrverbot führt ins Ried. Bei der Tafel „Naturschutzgebiet" kann man rechts die naturbelassenen, ungedüngten Riedwiesen beobachten, auf denen im Frühjahr die Bodenbrüter wie Brachvogel, Kiebitz, Uferschnepfe, Bekassine ihre Brutplätze haben. Deshalb ist das Verlassen der Wege verboten. Linker Hand, im nichtgeschützten Gebiet, dehnen sich die gedüngten Mähwiesen aus, die von Baum- und Buschgruppen geziert sind. Im Herbst kann hier ein Bestand von bis zu 500 großer Brachvögel bewundert werden.

Wir bleiben, ohne abzuzweigen, auf der Schotterstraße, welche an einer Funkstation vorbei auf den Polderdamm führt. Linkshaltend folgt ein kleiner Fischerhafen mit Seeblick. Von dort können im Herbst bis zu 14 000 Enten sowie Schwäne und Taucher beobachtet werden. Der seeseitige Schilfgürtel von 9 km Länge hat als Brut- und Laichgebiet Bedeutung und gibt dem Ufersaum seine landschaftliche Eigenart. Am Campingrestaurant vorbei öffnet sich die Sicht auf den See. Dort können interessante Vogelbeobachtungen gemacht werden.

Der Rückweg über das Ried: Nach dem Restaurant am Campingplatz folgt am Ufer das Seerestaurant, mit gutem Beobachtungsplatz bei niederem Wasserstand. Dahinter verlassen wir vor einem Wäldchen den Polderdamm und folgen dem Fahrweg. Nach dem Wäldchen ist das Ende des Schutzgebietes an den landwirtschaftlich genutzten Flächen zu erkennen. Bei einem einzeln stehenden Neubauhof gehen wir auf der Asphaltstraße 100 m links, um bei einer Fahrverbotstafel rechts in das sogenannte Mockenried abzubiegen. Vor Fußach zweigen wir, auf der Straße bleibend, zweimal links ab und erreichen in 45 Minuten unseren Parkplatz.

Wiesen bei Fußach.

11 Langen b. B. — Hirschberg, 1095 m

Bergwanderung in ländlicher Ruhe

Langen b. B. — Stollen — Geserberg — Ahornach — Hirschberg — Gretaloch — Langen

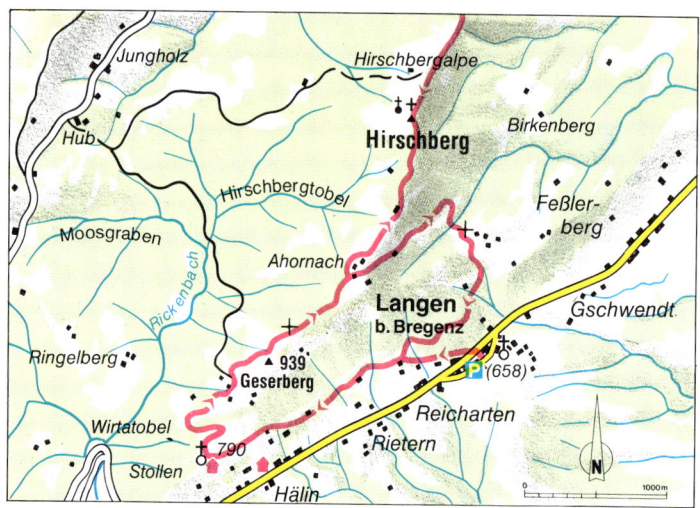

Talort: Langen bei Bregenz, 658 m, Erholungsdorf am Südhang des Pfänderstockes.
Ausgangspunkt: Kirche Langen.
Parkmöglichkeit: Bei der Kirche.
Gehzeiten: Aufstieg 2 Std., Abstieg 1½ Std.

Anforderungen: Problemlose Bergwanderung. Gut beschildert.
Höchster Punkt: Hirschberg, 1095 m.
Einkehrmöglichkeiten: Ghs. Stollen, Jausenstation Hirschberg-Alpe, zwei Gaststätten in Lange.
Sehenswertes: Wallfahrtsort Stollen.

Sanft ansteigende Wege führen über kleine Parzellen auf einen waldfreien Gipfel mit großartiger Aussicht auf den ganzen Vorderwald.

Der Aufstieg über drei kleine Parzellen: Links am Ghs. Adler vorbei auf einem unbezeichneten Sträßchen in Richtung Stollen. Bei der nächsten Abzweigung (Wegtafel) gehen wir geradeaus zu den Parzellen Stollen — Geserberg — Ahornach. Dieser Weg bietet immer wieder schöne Ausblicke. Zunächst kommt die Parzelle Stollen. Der Name ist auf einen alten Stollen zurückzuführen, in dem Kohle abgebaut wurde. 1877 wurde ein 6 km langes

Langen bei Bregenz.

Stollensystem bis nach Bregenz vorgetrieben, in dem die Kohle unterirdisch mit Pferdegespannen zum Bregenzer Hafen geführt wurde. In Notzeiten, wie nach dem Zweiten Weltkrieg, wurde im Wirtatobel Kohle gefördert. Heute erinnert nur noch das Wort Stollen an diese mühsamen Unternehmungen. Vom Ghs. Traube folgen wir der Tafel Hirschberg über Geserberg 1½ Stunden. Nach dem Beginn des Naturschutzgebietes bei einer Wegkreuzung die Standorttafel „Geserberg 918 m", bei der wir dem Pfeil in Richtung Ahornach nachgehen. In dieser Parzelle, die inmitten großer Wiesen liegt, finden wir dann die Abzweigung „Hirschberg ¾ Std.". Hier sehen wir den grünen Aussichtsgipfel des Hirschberges vor uns, zu dem wir nun aufsteigen.

Der Rundblick vom Hirschberg umfaßt den ganzen vorderen Bregenzerwald, Teile des Rheintals und reicht weit ins Allgäu hinaus. Vom Gipfelkreuz wenige Minuten weiter liegt die bewirtete Hirschberg-Alpe.

Rückweg über Gretaloch : Der Rückweg führt uns auf dem Aufstiegsweg wieder zurück bis zu den zwei Häusern von Ahornach. Dort biegen wir nach der Richtungstafel „Gretaloch — Langen 1 Stunde" (grün-weiß markiert) links ab. Auch dieser Höhenweg ist still und von schöner Aussicht. Besonders reizvoll ist das gepflegte Bauernland, in dem Wald und Wiesen abwechseln. Von der gegenüberliegenden Höhe grüßt Sulzberg herunter.

12 Buch — Schneiderkopf, 973 m

Bergdörfchen mit großem Erholungswert

Buch — Schneiderkopf — Schneiderkopfweg — Buch

Talort: Buch, 725 m, gern besuchtes Ausflugsziel mit weiter Aussicht.
Ausgangspunkt: Kirche in Buch.
Parkmöglichkeit: Parkplatz bei der Kirche.
Gehzeiten: Buch — Schneiderkopf 1½ Std., Schneiderkopf — Buch 1 Std.

Anforderungen: Gut markierte Wanderwege.
Höchster Punkt: Schneiderkopf, 973 m.
Einkehrmöglichkeit: Ghf. Schneiderkopf in Buch.
Sehenswertes: Die Ausblicke von den kleinen Bauernparzellen.

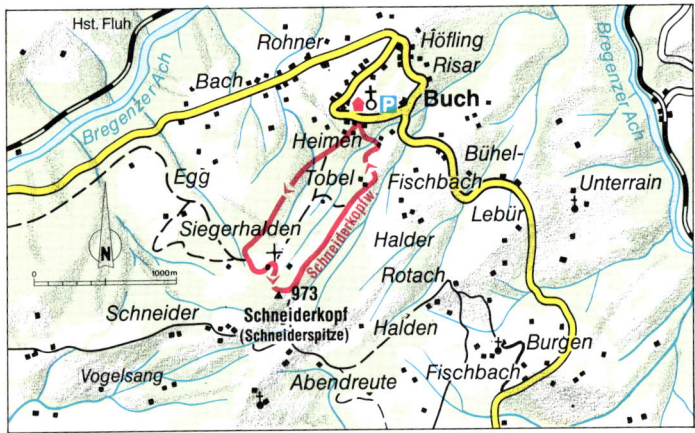

Obwohl das Bergdörfchen Buch an das dichtbesiedelte Rheintal grenzt, hat es sich auf dem stillen Höhenrücken seine Ursprünglichkeit bewahrt.

Aufstieg auf den Schneiderkopf: Wir gehen von der Kirche das aufwärtsführende Sträßchen zum Schulhaus, wo wir dem Wegweiser Richtung Keunenwaldweg, Schneiderkopf und Tomasinihütte folgen (blau-weiße Markierung, Nr. 5). Bei der nächsten Tafel rechts zur Tomasinihütte (Markierung am Waldrand). Wir steigen auf einem bewaldeten Rücken hinauf. Bei der Abzweigung zum Schneiderkopfweg (Tafel) links hinauf. Weiter aufwärts am Waldrand folgt bei einem Stadel ein Wegweiser zum Schneiderkopfweg und nach Buch. Hier lohnt sich der Abstecher zum nahen Kreuz des Schneiderkopfes, von dem aus man in den Bregenzerwald sieht.

Abstieg nach Buch: Wir gehen wieder zu den Tafeln zurück und steigen auf dem Schneiderkopfweg (Nr. 3) nach Buch ab. Dabei haben wir einen guten Weg mit freier Aussicht. In der Ortsmitte können wir im Ghf. Schneiderkopf einkehren.

Buch, Weg zum Schneiderkopf.

13 Wolfurt — Höhenweg

Durch eine stille Landschaft kleiner Bauernparzellen

Wolfurt Sportplatz — Frickenesch — Rickenbach — Frickenesch — Wolfurt

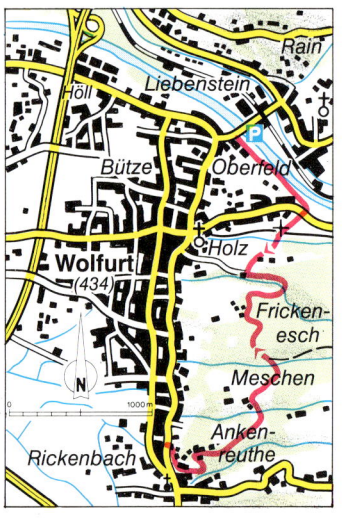

Talort: Wolfurt, 434 m, Fremdenverkehrsort, der sich seinen dörflichen Charakter bewahrt hat.
Ausgangspunkt: Schießstand an der Bregenzer Ache.
Parkmöglichkeit: Beim Schießstand.
Gehzeiten: Wolfurt — Rickenbach 1¼ Std., Rückweg Rickenbach — Wolfurt 1¼ Std.
Anforderungen: Gute Wanderwege ohne Anstrengung.
Höchster Punkt: Höhenweg, 600 m.
Einkehrmöglichkeiten: Ghs. Kreuz, Ghs. Stern, beide in Rickenbach.
Sehenswertes: Die alte Schmiede am Weg.

Entlang der Berghänge oberhalb von Wolfurt zieht sich ein Höhenweg über Wald und blühende Wiesen durch eine stille, romantische Landschaft.

Wanderweg vom Ausgangspunkt nach Rickenbach: Vom Schießstand führt ein weiß-rot markierter Fußweg den Hang hinauf. Bei der nächsten Wegtafel biegen wir scharf links auf den schmalen Höhenweg ab. Dicht am Waldrand entlang erreichen wir die Bucher Straße, nach deren Überquerung der beschilderte Höhenweg in Richtung Holz—Frickenesch weiterführt. An einer Kreuzung, wo drei Wegtafeln stehen, folgen wir der weiß-roten Markierung (weißer Pfeil).

Der sonnige Höhenweg führt vom Wald auf blühende Wiesen und obstbaumbestandene Hügel. Nach einer Linksabzweigung folgt ein Fischteich mit einer alten Schmiede, die mit ihrem Wasserrad als Schaustück hergerichtet wurde. Vor dieser Schmiede steigen wir rechts zum markierten Waldweg hinauf. Durch ein Gatter führt das Gehrecht geradeaus über eine Wiese zur Frickenescher Straße (Nr. 15 a). Nach dieser Parzelle führt der Weg in einen prächtigen Mischwald und kommt nach leichtem Auf und Ab zum Waldrand. Von der dortigen Aussichtsbank erreichen wir auf einem Gehrecht in Richtung eines rotgedeckten Bauernhofes, nach einer Wiese, einen Traktorweg. Vor dem rechts liegenden, graugedeckten Bauernhof weist eine Wegtafel rechts nach Strohdorf (weiß-blaue Markierung). Der schlecht zu findende Anfang dieses alten Kirchweges beginnt an der rechten Seite des Bauernhofes bei einem lebenden Zaun. Nach einem Gatter führt das Weg-recht über die Wiese zur linken Seite eines nahen Neubaus. Von dort ist die Wegtrasse im Gelände zu erkennen. 30 m weiter einen Zaun entlang führt ein deutlicher Fußpfad in den Wald, wo die weiß-blaue Markierung nach Rickenbach weitergeht. Der Weg kommt unweit vom Ghs. Stern heraus.

Rückweg auf der gleichen Route: Um den Verkehr zu meiden, gehen wir auf dem gleichen Weg zurück. Der Beginn ist mit dem Wegweiser zum Höhenweg am Waldrand bezeichnet. Nach der alten Schmiede beachtet man die Rechtsabzweigung und kommt wieder zum Ausgangspunkt.

Wolfurt.

14 Bildstein-Rundwanderung

An abgelegenen Bauernhäusern vorbei führt diese romantische Wanderung nach Oberbildstein

Bildstein — Kapf — Vockenbühel — Oberbildstein — Schneider — Gitzen — Dellen — Bildstein

Talort: Bildstein, 656 m.
Ausgangspunkt: Kirche in Bildstein.
Parkmöglichkeit: Bei der Kirche in Bildstein.
Gehzeiten: Bildstein — Oberbildstein 1½ Std., Oberbildstein — Ghs. Dreiländerblick — Bildstein 1½ Std.

Anforderungen: Etwas schwierige Wegfindung.
Höchster Punkt: Oberbildstein, 971 m.
Einkehrmöglichkeiten: Ghs. Dreiländerblick, Ghf. Kreuz, Ghf. Traube.
Sehenswertes: Die Aussicht vom Dreiländerblick.

Bildstein.

Wir ersteigen bei dieser Wanderung den Höhenrücken von Oberbildstein und kehren über einen herrlichen Aussichtsplatz beim Dreiländerblick und ein Tobel nach Bildstein zurück.

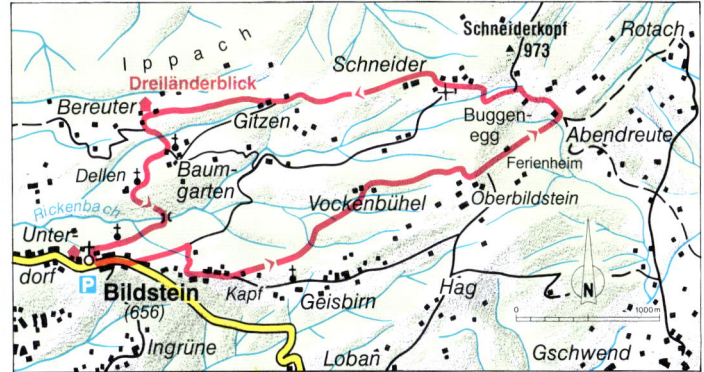

Aufstieg über Vockenbühel: Am Ghf. Kreuz vorbei führt die Straße zu Wegtafeln, wo wir in Richtung Oberbildstein weitergehen. Bei der nächsten Abzweigung in Richtung Kapf und Oberbildstein. Nach der Parzelle Kapf (siehe Hausnummerntafeln) folgen wir links dem Wegweiser nach Oberbildstein. In einer Waldlichtung weist links ein Schild nach Vockenbühel. Die Parzelle ist eine typische angelegte Bauernsiedlung mit alten Holzhäusern. Eine Tafel zeigt den Weg nach Oberbildstein, der beim letzten Haus auf eine Wiese (Gehrecht) mit einer alten, naturgeschützten Eibe mündet. Am oberen Waldrand finden wir den alten Weg bis zu einer Weide, wo wir zuerst den Waldweg entlang, dann auf Fahrspuren zum ersten Bauernhaus gehen. Dies ist ein altes Gehrecht. Von dort geradeaus zum Kinderferienheim. An diesem links vorbei finden wir am Waldrand Gehspuren auf der Wiese. Diese münden auf einen Waldweg, der über einen Bach führt. Wir treffen auf einen weiß-blau markierten Güterweg, (rechts die Standorttafel Loch) dem wir links folgen. Von der Parzelle Buggenegg führt eine Fahrstraße Richtung Bildstein.

Abstieg über Dreiländerblick und Dellentobel: Nach der Parzelle Schneider erreichen wir Gitzen. Dort beim Wegweiser rechts nach Bereuter. Auf einem Wanderweg erreichen wir das besonders schön gelegene Ghs. Dreiländerblick. Beim Abstieg nach Bildstein-Dorf (Tafel) müssen wir nach dem Wald auf eine rechtsweisende Tafel „Dellen-Dorf" achten. Die Route führt knapp unter der Straße um eine Mulde herum in den Wald, wo der Weg blau-weiß markiert ist. An einem Hochspannungsmast kommt ein Richtungspfeil. Auf der nächsten Weide gehen wir an einer kleinen Kapelle vorbei zu einem neuen Holzhaus und finden links von diesem ein Drehkreuz und die Tafel ins Dorf, das wir durch ein Tobel erreichen.

15 Rundwanderung im Ried bei Lauterach

Wild- und Vogelbeobachtungen im Ried

Riedsee — Dornbirner Ache — Sackgraben — Riedsee

Talort: Lauterach, 412 m, Rheintalgemeinde mit unverbauter Umgebung.
Ausgangspunkt: Riedsee.
Parkmöglichkeit: Riedsee.
Gehzeiten: Riedsee — Dornbirner Ache

¾ Std., Rückweg über Sackgraben 1 Std.
Anforderungen: Leichte Wanderung.
Einkehrmöglichkeit: Ghs. Weingarten.
Sehenswertes: Im Ried kann man Wild und Vögel beobachten.

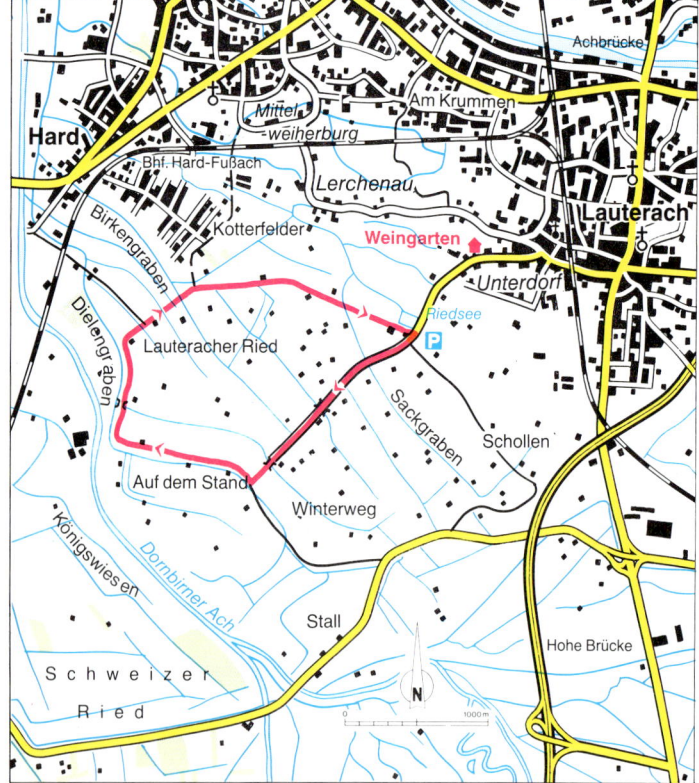

Auf den bäuerlich genutzten freien Flächen lassen sich Tier und Pflanzen bestimmen. Der weite Blick und die Ruhe werden den Wanderer begeistern.

Von Lauterach zur Dornbirner Ache: Von der Ortsmitte Lauterach führt die Lerchenauer Straße ins Unterdorf, wo wir am Ortsende links zum Ghs. Weingarten kommen. Nach 500 m sind wir beim Riedsee (Jannersee). Beim dortigen Wegkreuz weist eine Tafel auf den Riedweg zur Dornbirner Ache.
Nun verlassen wir das bebaute Gebiet und kommen in eine riesige Fläche mit Wiesen und Äckern. Birken, Eichen, und Weiden zieren die Landschaft. Einzelne tieferliegende Streuflächen erinnern an die alten Schollenstiche. Von der geraden Riedstraße zweigt unser Weg rechts ab. Wir folgen dem Weg weiter zum Riedweg, nach Hard und Lauterach. Futtersuchende Kleinvögel auf den Äckern, Brachvögel und Kiebitze und auch Rehe sind hier keine Seltenheit. Greifvögel wie Bussarde, Weihen, Baumfalken kann man auf der Jagd beobachten. Die Schotterstraße nähert sich dem Damm der Dornbirner Ache.

Riedsee bei Lauterach.

Rückweg am Sackgraben: Vor dem Damm macht die Straße einen Bogen zur Harder Grenze. Dem Wegweiser in Richtung Riedweg und Riedsee folgend, erreichen wir wieder den Ausgangspunkt. Man kann die Wanderung auch auf dem beschilderten Rundweg um Hard ausdehnen; dabei gelangt man bis ans Seeufer.

16 Am Alten Rhein bei Lustenau

An dem wegen Hochwassergefahr stillgelegten alten Rheinbett hat sich eine Erholungslandschaft gebildet

Widnau — Alter Rhein — Schmitterbrücke — Rheindamm

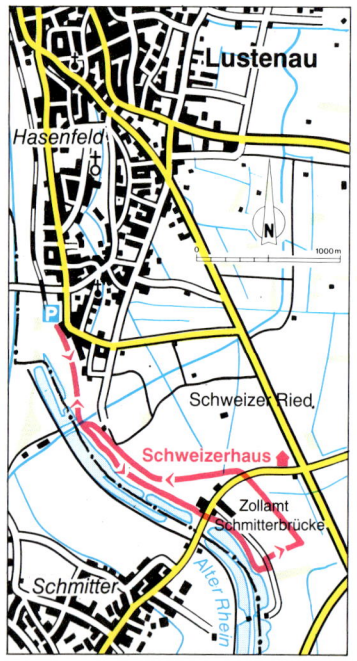

Talort: Lustenau, 404 m, große Marktgemeinde an der Schweizer Grenze.
Ausgangspunkt: Grenzübergang Widnau.
Parkmöglichkeit: In der Umgebung des Zollamtes.
Gehzeiten: Für die ganze Runde 1½ Std.
Anforderungen: Kleiner Spaziergang, auch für Kinder geeignet.
Einkehrmöglichkeit: Ghs. Schweizerhaus.
Sehenswertes: Die Rheinverbauung mit ihren Hochwasserdämmen.

Dieser Rundgang ist besonders im Frühjahr zur Blütezeit der Schwertlilien sehr beliebt; im Sommer dagegen lohnt der Besuch des großen Freibades.

Den Alten Rhein entlang: Beim Zollamt Widnau kommen zwei Rheindämme zusammen. Wir gehen nun nicht auf dem rechten Damm, sondern links davon ein Sträßchen zwischen Bahngleis und Damm hinunter. Schnell kommen wir zum letzten Stück des noch naturbelassenen, schilfbestandenen Alten Rheins, den wir entlangwandern, vorbei an Schrebergärten und buschbestandenem Ufer. Im Sommer ist hier ein beliebter Badeplatz. Beim Zollamt Schmitterbrücke überqueren wir die Straße und wandern auf schattigem Weg weiter den Alten Rhein entlang.

Auf dem Hochwasserdamm zurück: 100 m vor dem Kieswerk verlassen wir den Wassersaum, besteigen den Damm, gehen die Dammstraße 50 m zurück und gelangen vor einer einzeln stehenden Tannengruppe über einen unscheinbaren kleinen Damm auf den gegenüberliegenden zweiten, großen Damm, auf dem wir den Rückweg Richtung Lustenau einschlagen.

Eine weit ausgedehnte, reizvolle Riedlandschaft, umgeben vom vertrauten Bergkranz, läßt uns diesen Spaziergang zum Genuß werden. Die im Frühling braungetönte Landschaft des oberen Schweizer Riedes verwandelt sich hier zur Blütezeit in einen zauberhaften Garten von tausend und abertausend blauen Sumpfschwertlilien, eine seltene Blütenpracht; es besteht jedoch Pflückverbot!

In der Höhe des Schweizerhauses überqueren wir die Straße und setzen unseren Spaziergang neben einem Kiesplatz auf dem Damm fort. Der Weg führt dann nahe an den Alten Rhein heran, und wir überblicken von unserer erhöhten Aussichtswarte das alte Rheinbett und das Ried. Bald erreichen wir wieder die ersten Häuser von Lustenau und kehren damit an unseren Ausgangspunkt zurück.

Am Alten Rhein.

17 Ebnit — Hohe Kugel, 1645 m

Aussicht auf den ganzen Bodensee

Ebnit — Heumöser — Alpe Schneewald — Hohe Kugel — Emser Hütte — Ebnit

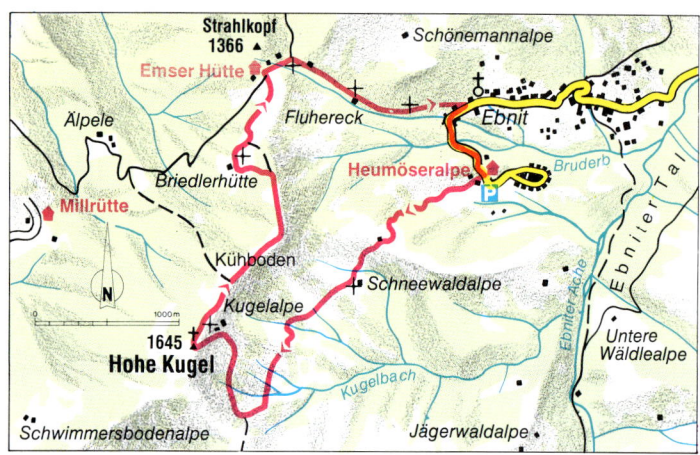

Talort: Dornbirn, 437 m.
Ausgangspunkt: Imbißstube Heumöser in der Parzelle Ebnit, 1088 m, im Ebniter Tal.
Parkmöglichkeit: Beim Heumöser; Postautohaltestelle.
Gehzeiten: Aufstieg bis zur Hohen Kugel 2 Std., Abstieg über Fluhereck 1½ Std.

Anforderungen: Markierte Bergwege, beim Abstieg eine drahtseilgesicherte felsige Stelle.
Höhenunterschied im Anstieg: 557 m.
Höchster Punkt: Hohe Kugel, 1645 m.
Einkehrmöglichkeiten: Imbißstube Heumöser, Berghof Ebnit, Ghs. Alpenrose.
Sehenswertes: Der Bodenseeblick.

Für diese beliebte Wanderung auf den freistehenden Aussichtsberg sollte man sich einen klaren Tag aussuchen. Dieser Aufstieg ist wenig begangen und man kommt daher zu einem stillen Naturgenuß.

Aufstieg: In Heumöser geht man zu Fuß, dann weiter auf dem Güterweg bis zur ersten Gabelung, hier rechts weiter. Nach knapp zehn Minuten zweigen wir vor einer Kurve bei der Tafel „Schneewaldweg, Alpe Schneewald, Staffelalpe, Kugelalpe, Hohe Kugel" scharf rechts auf den gelb-blau markierten Weg ab. Über Waldschneisen und Jungwald gelangen wir mäßig steigend bei einer Wegtafel auf einen ebenen Alpweg zur Alpe Schneewald. Von der Wegtafel aus sieht man bereits unser Ziel, die Hohe Kugel, mit Gipfelkreuz

Hohe Kugel.

und der darunter liegenden Kugelalpe. Bei der Kugelalpe links ab (Tafel) auf den nur 77 m höher liegenden Gipfel der Hohen Kugel. Von dort sind die Rheintalorte von Feldkirch bis zum See zu überblicken. Die ganze Säntisgruppe, die Schesaplana im Süden und als Nachbarberg der Hohe Freschen heben sich besonders hervor. Seit Ebnit befinden wir uns in einem Naturschutzgebiet.

Abstieg über Fluhereck: Zum Abstieg wählen wir die Strecke über den Kugelgratweg, der mit Aussicht auf beide Seiten den schönsten Teil dieser Wanderung darstellt. Auf dem Abstieg sind einige Schrofen (gesichert) zu begehen. Wir gelangen zur Emser Hütte und Fluhereck, von wo ein Bergsträßchen bis zu unserem Ausgangspunkt zurückführt.

18 Mörzelspitze, 1830 m

Die Aussichtswarte im Dornbirner Wandergebiet

Unterfluhalpe — Salzböden — Mörzelspitze — Rückkehr über Obermörzelalpe

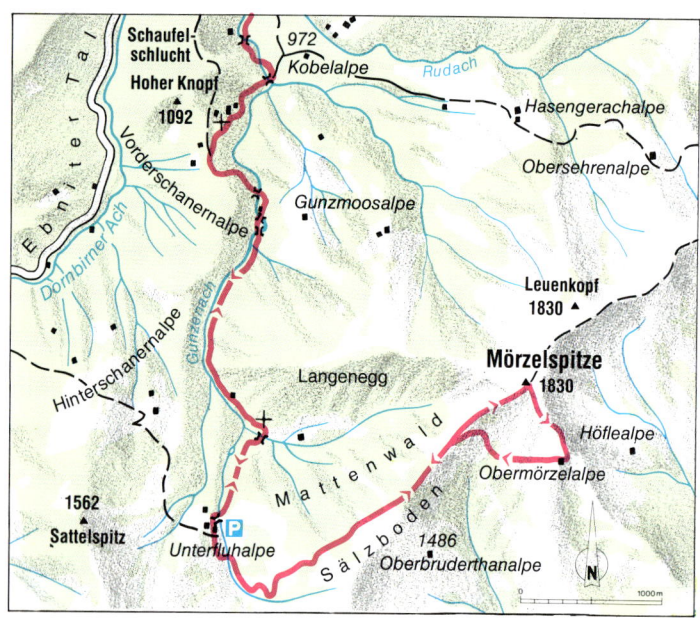

Talort: Dornbirn, 437 m, Stadt mit viel Grün und großem Wandergebiet.

Ausgangspunkt: Alpe Unterfluh, 1200 m. Anfahrt von Dornbirn, bei der Sägerbrücke fahren wir vor der Textilschule Richtung Ebnit (Tafel). Vor dem Gütle zweigt die Ebniter Straße rechts ab. Auf dieser, 1 km nach der Rappenlochbrücke, links ab (Wegtafel: Niedere Unterfluhalpe rot-weiß-rot; ab dort wegen Wanderzone bitte langsam fahren). Nächste Tafel: Unterfluh. Bei Dannersbruck rechts, bei der Tafel Vorderschanern links zur Unterfluhalpe.

Parkmöglichkeit: Bei bei Alpe Unterfluh.

Gehzeiten: Aufstieg 2½ Std., Abstieg 1¾ Std.

Anforderungen: Leichte Wanderung.

Höchster Punkt: Mörzelspitze, 1830 m.

Höhenunterschied im Anstieg: 630 m.

Einkehrmöglichkeiten: Keine. (Am Rückweg im Gütle, oder auf den Alpen eine Jause möglich.)

Sehenswertes: Die Mörzelspitze ist gegen Norden der höchste Berg, daher die einmalige Aussicht von seinem Gipfel aus.

Vom Bodenseeraum sieht man den Firstkamm als erste Erhebung des Bregrenzerwaldgebirges. Wir wollen diesmal das weite Gebiet von oben überblicken. Die Aussicht vom Gipfel umfaßt auch den Bregenzerwald und den Freschenstock.

Der Aufstieg: An der Alphütte finden wir die Tafel „Salzbödenweg, Salzböden (Mörzelspitze)". Man geht in Richtung einer Materialseilbahn und findet nach wenigen Minuten bei der Tafel „Unterfluh" die blau-weiß markierte Linksabzweigung (Tafel). Im Halbrund hat man nun eine Felsmauer von rund 400 m Höhe vor sich. Hinter dieser erreichen wir jedoch ein mäßig geneigtes Alpgebiet mit mehreren großen Viehalpen. Beim Erreichen des Kammes gehen wir auf den Mörzelweg, der wie bisher blau-weiß markiert bis zum Gipfel führt. Die Mörzelspitze mit dem Gipfelkreuz sehen wir schon bald vor uns. Rechts darunter liegt die Obere Mörzelalpe, über die wir dann absteigen wollen.

Der Abstieg: Man steigt in Richtung Bregenzerwald einem Steilabfall entlang auf einem Pfad zur nahen Obermörzelalpe ab. Von dort führt ein Alpweg bis zur Wegtafel, die wir bereits beim Aufstieg gesehen haben. Von dort gehen wir den Aufstiegsweg zum Parkplatz hinab.

Blick auf den Firstkamm mit Mörzelspitze.

19 Hoher Freschen, 2004 m

Höhepunkt einer Wandersaison

Unterfluhalpe — Binnelalpe — Hoher Freschen — Abstieg auf dem gleichen Weg

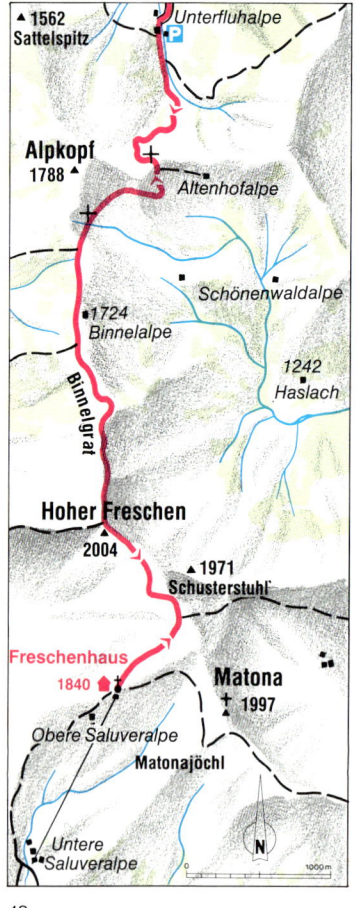

Talort: Dornbirn, 437 m, Garten- und Messestadt.

Ausgangspunkt: Unterfluhalpe, 1184 m.

Parkmöglichkeit: Unterfluhalpe.

Gehzeiten: Aufstieg 3 Std., im Abstieg 2 Std.

Anforderungen: Gute Kondition, Schwindelfreiheit und Trittsicherheit erforderlich. Die Tour ist nur bei schneefreiem Wetter möglich. Beste Jahreszeit: Mitte Juni bis Mitte Oktober.

Höhenunterschied im Anstieg: 820 m.

Höchster Punkt: Hoher Freschen, 2004 m.

Einkehrmöglichkeit: Freschenhaus, 20 Min. unter dem Gipfel (geöffnet Mitte Juni bis Mitte Oktober, 27 B., 80 L.)

Sehenswertes: Die freistehende, vorgeschobene Lage bietet einen besonders weiten Überblick vom Bodensee bis zum Alpenhauptkamm.

Der dem Alpenkamm vorgelagerte Freschenstock wird bis ins Flachland gesehen und verlockt als gut besteigbares Wanderziel. Der Binnelgrat ist allerdings Schwindelfreien vorbehalten.

Anfahrt und Aufstieg: Von Dornbirn Richtung Ebnit fahrend müssen wir 1 km nach der Rappenlochbrücke auf die Linksabzweigung zur Unterfluhalpe achten (Wegweiser). An der Alphütte finden wir die weiterführenden Tafeln zum Hohen Freschen. Beim Erreichen der Anhöhe vor der Binnelalpe haben wir den gewaltigen Freschengipfel vor uns stehen. Rechts blicken wir auf den Binnelgrat, an dessen Ende das Gipfel-

Fluhereck mit Freschen.

kreuz erkennbar ist. Die zwei Felstürmchen links nennt man Schusterstuhl. Der Binnelgrat ist teilweise drahtseilgesichert und gut ausgetreten.

Gipfelrundsicht und Abstieg: Der Blick schweift über den ganzen Bodensee bis weit nach Oberschwaben. Er umfaßt die Säntisgruppe und reicht tief in die Schweiz hinein. Man überblickt alle Grenzen des Vorarlberger Gebietes: am Horizont den Rätikon und links davon in der Ferne die weißen Silvrettagipfel. Dem Kaltenberg folgt links die Rote Wand und dann die hinteren Bregenzerwälder Berge. Der Rückweg erfolgt auf dem gleichen Weg.

20 Bödele — Hochälpele, 1464 m

Auf dem Hausberg der Dornbirner

Bödele — Lank — Hochälpelealpe — Bödele

Talort: Dornbirn, 437 m, aus bäuerlichen Siedlungen gewachsen, ist die größte Stadt Vorarlbergs.
Ausgangspunkt: Beim Hotel Bödele.
Parkmöglichkeit: Parkplätze.
Gehzeiten: Aufstieg bis Hochälpele 1¼ Std., Abstieg 1 Std.

Anforderungen: Leichte, kurze Bergwanderung.
Höchster Punkt: Hochälpele, 1464 m.
Einkehrmöglichkeiten: Hochälpelehütte, Hotel Bödele, Berghof Fetz.
Sehenswertes: Die Vorarlberger Naturschau in Dornbirn.

Diese Rundwanderung wird sicher ihre Freunde finden, denn sie ist nicht anstrengend, landschaftlich reizvoll zwischen Rheintal und Bregenzerwald gelegen, und es fehlt nicht an bewirteten Hütten und Gasthäusern.

Aufstieg über den Lank: Nach der Auffahrt aufs Bödele (gute Busverbindung) folgen wir dem Hochälpeleweg (rot-weiße Markierung). Wir können uns an einem leichten Aufstieg auf sonnigen Höhen erfreuen. Die gute Beschilderung führt zuerst mit Aussicht in den Bregenzerwald zur Lankhütte. Von dort sehen wir Wegspuren in Kehren bis zum Alpkreuz auf den Hang führen. Dann auf gemächlich steigendem Weg über den Höhenrücken zum Hochälpelekopf.

Auf der ganzen Strecke wird die Aussicht immer weitreichender und bietet ständig Neues. Die Rundsicht vom Gipfel ist so schön, daß sich der Aufstieg wirklich lohnt. Die ganzjährig geöffnete Hochälpelehütte ist ein willkommener Einkehrplatz für Wanderer.

Überschreitung und Abstieg: Von der Hütte den breiten Weg auf die Sonnenseite hinab; wir folgen einer rot-weißen Markierung. Am Ende des Abstieges auf einem Übergang führen mehrere Wege auseinander. 10 m nach einem alten Wegweiser kommt eine neue Beschilderung. Wir wenden uns dort nach links Richtung Bödele (rot-weiße Markierung). Bei der Hochälpelealpe, 1240 m, auf dem Alpweg weitergehend, erreichen wir direkt das Bödele.

Blick vom Bödele.

21 Hohenems — Altems — Oberklien

Wanderung zu einer Ruine und über einen Felssturz zurück

Hohenems — Ruine Altems — Buchenau — Oberklien — Hohenems

Talort: Hohenems, 432 m, jüngste Stadt des Landes mit großer geschichtlicher Vergangenheit.
Ausgangspunkt: Schloßplatz Hohenems.
Parkmöglichkeit: Parkplatz in der Nähe der Kirche.
Gehzeiten: Hohenems — Emser Reute 1¼ Std., Rückweg über Oberklien 1 Std.

Anforderungen: Gesicherter Felsensteig.
Höchster Punkt: Ruine Altems, 680 m.
Einkehrmöglichkeiten: Ghs. Krone in Emser Reute, Ghs. zum Löwen am Schloßplatz Hohenems.
Sehenswertes: Ruine Altems, Parzelle Emser Reute, der Abstieg nach Oberklien über das Felssturzgebiet.

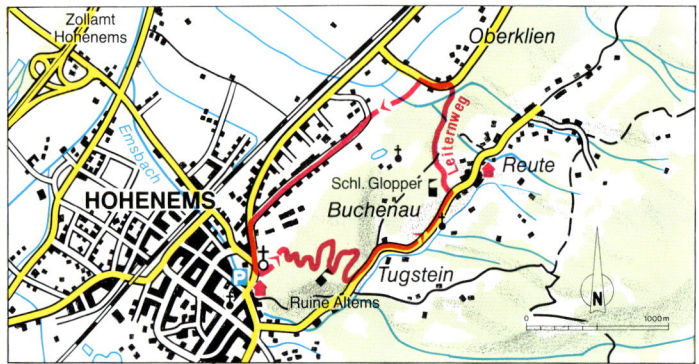

Die steil aus der Rheintalebene aufragenden Felswände bei Hohenems verdecken eine liebliche Landschaft, die sich dahinter im Bereich der Emser Reute versteckt. In einer Rundwanderung erleben wir dort ein faszinierendes Wald- und Felsengebiet mit zwei Burgen und alten Siedlungen.

Die Route: Zwischen Schloß und Kirche finden wir bei einem Torbogen den Wegweiser nach Altems. In einer guten halben Stunde erreichen wir die auf einem bewaldeten Felskegel stehende Ruine (gelb-blaue Markierung). Die schönste Aussicht hat man dort von der Plattform der renovierten Eingangsbefestigung. Eindrucksvoll sieht man von hier das benachbarte, 1343 erbaute Schloß Glopper. Auch der Ausblick auf das Bodensee- und Rheintalgebiet belohnt den Aufstieg. Die Besichtigung der Schloßruine Altems gibt heute noch Zeugnis von den mächtigen Grafen von Ems, mit denen die Geschicke des Ortes eng verbunden waren.

Das Rheintal bei Hohenems.

Von der Ruine gehen wir 100 m zurück und zweigen rechts durch einen Torbogen ab. Dem Fußweg folgt ein Güterweg, auf dem wir, ohne abzuzweigen, Buchenau erreichen. Bei der Tafel vor dem ersten Haus gehen wir links Richtung Oberklien (Wegweiser). Wir bleiben auf der Schotterstraße bis zum Haus Buchenau Nr. 5, wo eine Tafel rechts auf den Leiternweg nach Oberklien weist, den wir einschlagen. Der mit einem Geländer und Stufen versehene Steig führt in der Felswand bis zur Parzelle Oberklien. Im unteren Teil kommen wir an großen Felsblöcken vorbei. Diese stammen von einem Felssturz, der die Menschen in Schrecken versetzte. Am Ende des Weges weist eine Tafel nach Hohenems. Man geht nicht über den Steg, sondern direkt links am Bach entlang auf einem schmalen Fußweg. Ein am Weg liegender Teich, die senkrechten Felswände, der stille, gepflegte Weg schließen unsere Wanderung harmonisch ab. Durch eine parkartige Anlage kommen wir zum Ausgangspunkt bei der Kirche.

22 Kummenberg, 667 m

Am Rhein entlang und über den Kummenberg zurück

Mäder — Rheindamm — Koblach — Kummenberg — Mäder

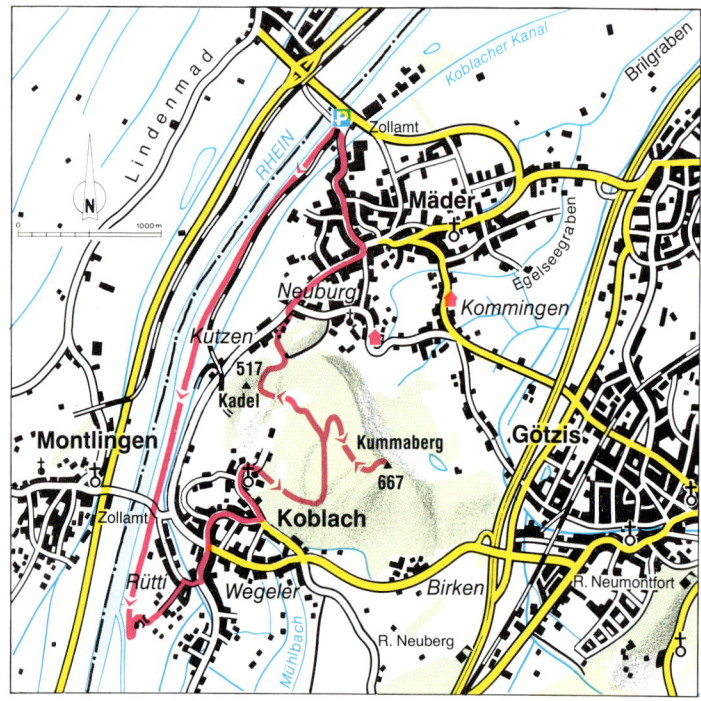

Talort: Mäder, 414 m, siebenmal vom Rhein überschwemmte Gemeinde, jetzt durch hohe Dämme geschützt.

Ausgangspunkt: Zollamt (von Mäder aus Richtung Kriessern).

Parkmöglichkeit: Parkplatz links vom Zollamt.

Gehzeiten: Zollamt — Kummenberg 2½ Std., Abstieg und Rückweg 1 Std.

Anforderungen: Leichter Spaziergang auf Bergwegen.

Höchster Punkt: Kummenberg, 667 m.

Einkehrmöglichkeiten: Gasthäuser in Koblach und Mäder.

Sehenswertes: Schutzdämme am Rhein, die Steilwand am Kummenberg, die Aussicht auf Götzis und die vielen Gemeinden entlang des Rheins.

Wir durchwandern zwei stille, abgelegene Dörfchen am Rhein.

Den Rhein entlang und auf den Kummenberg: Wir gehen vom Zollamt direkt den Rhein entlang flußaufwärts. Über dem Rhein liegt Montlingen, dahinter der Alpstein mit dem Hohen Kasten. Beim nächsten Rheinübergang in Koblach weiter den Rhein hinauf. Wir steigen dort auf die Dammkrone, von wo wir einen schönen Ausblick auf die umgebende Bergwelt haben. Bei der nächsten Brücke kehren wir um und gehen auf einem Sträßchen zur Koblacher Kirche. An der Kirche vorbei rechts zum Kummenberg (weiß-rote Markierung). Wir folgen einem breiten Güterweg bis zu einer Bank, nach der wir bei einer Wegteilung geradeaus gehen. Bei einer Markierung mit Pfeil zweigen wir auf einen Fußweg zum Gipfel ab. Beim Erreichen des Abhangs rechts weiter bis zu einem Aussichtsplatz ganz oben. Die Markierung ist dort verwittert. Dank der schönen Aussicht auf Götzis und die vielen Rheintalgemeinden hat sich dieser Aufstieg wirklich gelohnt.

Schweizer Berge von Koblach aus.

Abstieg und Rückweg: Wir gehen auf dem Aufstiegsweg zurück bis zu der Bank am Weg. 50 Schritte nach dieser zweigen wir rechts ab (Pfeil). An der Stelle, wo die Kirche von Koblach zu sehen ist, zweigen wir rechts nach Mäder ab und bleiben auf dem Hohlweg im Wald (nicht noch einmal abzweigen). Bevor der Weg auf ein Asphaltsträßchen mündet, können wir vor der nächsten Bergkuppe auf einem Fußpfad über die Wiese links abkürzen. Wir kommen zu den ersten Häusern von Mäder und suchen links einen Weg zu unserem Ausgangspunkt beim Rheindamm.

23 Götzis — Örflaschlucht — Meschach

Durch eine Felsschlucht zur bäuerlichen Höhensiedlung Meschach

Götzis — Örflaschlucht — Meschach — Götzis

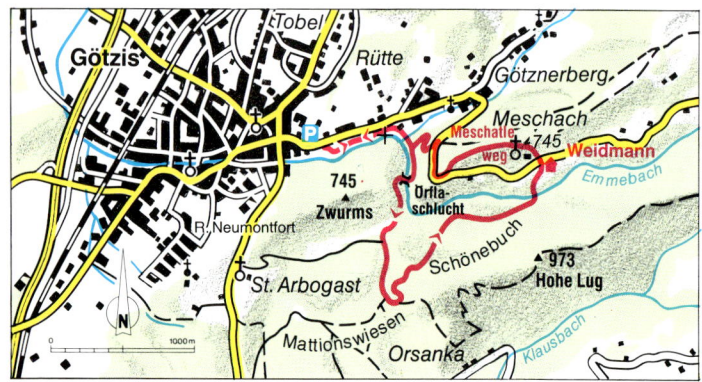

Talort: Götzis, 448 m, aufstrebende Marktgemeinde mit einladenden kleinen Parzellen auf den Bergterrassen.
Ausgangspunkt: Schwimmbad Götzis.
Parkmöglichkeit: Beim Schwimmbad.
Gehzeiten: Aufstieg bis Meschach 2 Std., Abstieg 1 Std.

Anforderungen: Abwechslungsreicher Ausflug auf gut bezeichneten Wegen.
Höchster Punkt: Kirche Meschach, 745 m.
Einkehrmöglichkeit: Ghf. Waidmann in Meschach.
Sehenswertes: Die Örflaschlucht, die Meschacher Kirche.

Der Felsenaufbau in der Gegend von Götzis ist hochinteressant und abwechslungsreich. Bei der Alpenbildung haben sich dort die Schichten gefaltet und übereinandergeschoben, so daß eine formationsreiche Landschaft entstand. Durch das weiche Gestein fraß sich der Gebirgsbach in eine tiefe Schlucht. Das Bergdörfchen Meschach ist eine alte Walser Siedlung.

Aufstieg nach Meschach durch die Örflaschlucht: Rechts an der Kirche vorbei weisen Schilder zum Schwimmbad. Den Emmebach entlang betreten wir nach der Tafel „Naturschutzgebiet" die Örflaschlucht. Auf dem links abzweigenden Meschatleweg werden wir beim Abstieg zurückkommen. Beim Aufstieg gehen wir dort geradeaus weiter bis zum Auftreffen auf einen Güterweg. Ein Wegweiser weist nach Schönbuch und Meschach (1½ Std.) Die blau-gelbe Markierung führt an einem Brünnlein vorbei, dann durch Hochwald zu einem großen Stein mit der Aufschrift „Agrargemeinschaft":

Dort links am Stein vorbei auf einen alten Weg. Bald taucht die blau-gelbe Markierung wieder auf. Unser Weg führt zur Schlucht des Emmebaches, in die wir schöne Ausblicke haben. Über eine Brücke wandern wir der Meschacher Kirche zu. Eine nette Einkehrmöglichkeit mit Sonnenterasse liegt im nahen Ghf. Waidmann.

Abstieg auf anderer Route: Direkt neben dem Eingang der Kirche beginnt ein schmaler Hohlweg, der über die Flur Meschatle auf die Meschacher Straße führt. Wir bleiben 100 m auf der Straße, dann weist eine Tafel links durch die Örflaschlucht nach Götzis. Nach der Brücke ist wieder ein Wegweiser zur Örflaschlucht zu beachten. Nochmals beeindruckt uns der Anblick der Schlucht, dann erreichen wir den Ausgangspunkt.

Blick von Meschach gegen das Rheintal.

24 Weiler — Fraxern
Leichte Rundwanderung zu einem Bergdorf

Weiler — Fraxern — Klaus — Weiler

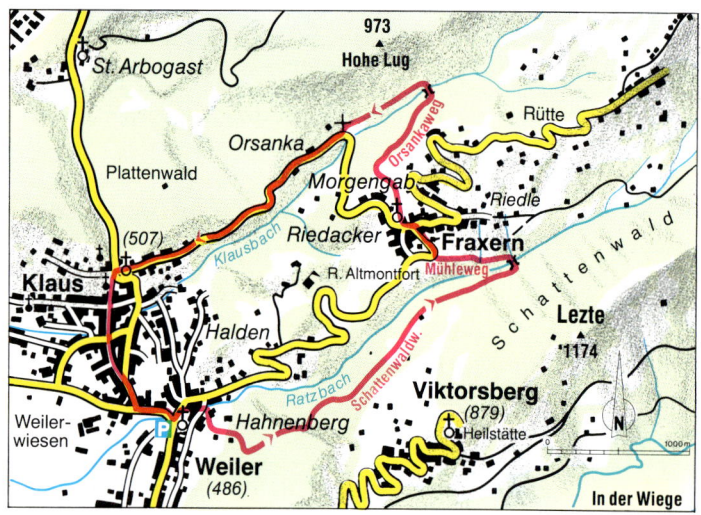

Talort: Weiler, 486 m.
Ausgangspunkt: Postautohaltestelle, Weiler bei der Kirche.
Parkmöglichkeit: Beim Schulhaus (50 m die Fraxner Straße hinauf bis zur Herrengasse).
Gehzeiten: Aufstieg bis Fraxern 1¼ Std., Abstieg über Klaus 1¼ Std.
Anforderungen: Beachtung der Wegbeschreibung.

Höchster Punkt: Fraxern, 817 m.
Einkehrmöglichkeiten: Ghs. Sonnblick und Ghs. Krone in Fraxern.
Sehenswertes: Die Kirschenblüte und -ernte in Fraxern. Das nach einem Großbrand neu aufgebaute Bergdorf liegt über der Rheintalbucht des Vorarlberger Oberlandes und bietet eine weite Aussicht auf dieses Wandergebiet mit seinen vielen kleinen Siedlungen.

Aufstieg nach Fraxern: Nach der Herrengasse folgt die Abzweigung zum Hahnenberg, dort eine Weggabelung mit mehreren Tafeln; wir wählen den Schattenwaldweg Richtung Fraxern. Beim nächsten Wegweiser gehen wir links Richtung Fraxern über den Mühleweg. Beim Wegweiser zum Schattenwald darf man die Linksabzweigung auf den Mühleweg nach Fraxern nicht übersehen, sonst gerät man in eine Sackgasse. Beim Verlassen des Waldes führt ein Wiesenweg eben zur Autostraße, die wir überqueren und auf der

Nebenstraße zur Kirche wandern. Das schmucke Bergdorf Fraxern mit seiner herrlichen Aussichtslage ist einen Rundgang wert.

Rückweg über Klaus: Bei der Kirche weist eine Tafel auf den mit Fahrverbot belegten Orsankaweg nach Klaus. Wer diese Tour an einem klaren Herbsttag macht, dem wird sie mit ihren bunten Wäldern, mit ihrem Rheintalblick und mit der Kulisse der nahen Schweizer Berge lange unvergeßlich bleiben. Wir gehen auf der Straße bis Klaus, wo wir bei der Kirche das Ghs. Adler links umrunden und dann links auf die nächste Abzweigung, den Breitenweg, einbiegen. Man sieht die Kirche von Weiler, und in dieser Richtung gelangen wir auf Nebenwegen über den Römerweg zu unserem Ausgangspunkt zurück.

Viktorsberg.

25 Fraxern — Hohe Kugel, 1645 m

Höhenwanderung durch ein Naturschutzgebiet mit reichem Blumenschmuck

Fraxern — Maiensäßalpe — Hohe Kugel — Rückweg über Muttaboden

Ausgangsort: Fraxern, 817 m, Erholungsdorf über dem Rheintal.
Ausgangspunkt: Kirche Fraxern.
Parkmöglichkeit: Ortsmitte bei der Kirche.
Gehzeiten: Aufstieg 3½ Std., Abstieg 2½ Std.
Anforderungen: Etwas Kondition und Ausdauer erforderlich.

Höhenunterschied im Anstieg: 828 m.
Höchster Punkt: Hohe Kugel, 1645 m.
Einkehrmöglichkeiten: Ghs. Jausenstation Muttaboden, in Fraxern Ghs. Sonnenblick, Ghs. Alpenfrieden und Ghs. Krone.
Sehenswertes: Die Kirschenblüte und -ernte in Fraxern, die schöne Bergkirche in Fraxern.

Blick von der Hohen Kugel ins Rheintal.

Diese Bergtour führt auf einen beliebten Aussichtsgipfel des Vorarlberger Rheintals.

Die Route: Der Aufstieg von Fraxern aus beginnt nach dem Gemeindeamt beim Schaukasten des Skivereins Fraxern, wo links ein Sträßchen hinaufführt. Nun kann man bis weit hinauf auf alten kleinen Wegen der Autostraße ausweichen, wobei man immer wieder herrliche Ausblicke auf das bergumkränzte Rheintal hat. Erst nach etwa einer Stunde kommt dann auf dem

Kamm die Standorttafel „Stock" mit Wegweiser zur Maiensäßalpe (weiß-rot-weiß). Ab diesem Punkt beginnt das Naturschutzgebiet. Eine große Zahl von geschützten Pflanzen ist hier zu finden, von der Akelei bis zum Knabenkraut, vom Enzian bis zur Alpenrose (Pflückverbot!).

Schnell erreichen wir den Gipfel und können dank der ins Rheintal vorspringenden Lage der Hohen Kugel wie von einem über dem Tal thronenden Balkon aus den Rundblick von Feldkirch bis zum Bodensee genießen.

Den abendlichen Rückweg nehmen wir wegen seiner Schönheit über den Aufstiegsweg und haben nun den Talblick mit neuen Beleuchtungseffekten vor uns. Links unten in der Jausenstation Muttaboden kann man Brotzeit machen und von dort wieder ohne Aufstieg den Gratrücken abseits der Straße erreichen. Zum Abschluß ist der Besuch der schönen Bergkirche in Fraxern empfehlenswert.

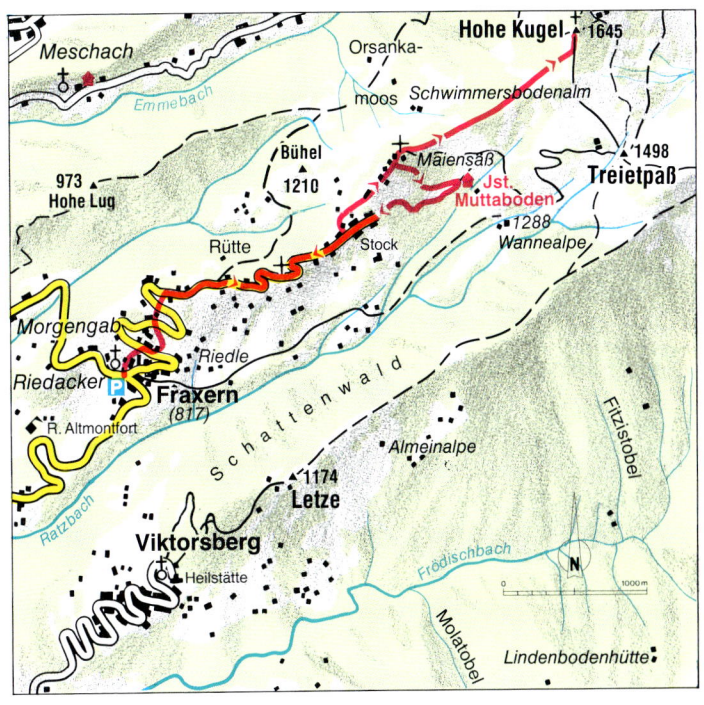

26 Viktorsberg — Fraxern

Höhenwanderung zwischen zwei Bergdörfern

Viktorsberg — Fraxern — Viktorsberg

Talort: Röthis, 508 m, über Rankweil oder Klaus zu erreichen.
Ausgangspunkt: Ghs. Alpenrose in Viktorsberg.
Parkmöglichkeit: Beim Ghs. Alpenrose in Viktorsberg.
Gehzeiten: Viktorsberg — Fraxern 1 Std., Rückweg 1¼ Std.
Anforderungen: Guter Weg für die ganze Familie.
Höchster Punkt: Ghs. Schöne Aussicht in Viktorsberg, 900 m.
Einkehrmöglichkeiten: In Fraxern Ghs. Sonnblick, Ghs. Alpenfrieden, Ghs. Krone, in Viktorsberg Ghs. Alpenrose, Ghs. Schöne Aussicht.
Sehenswertes: Die Missionsausstellung im ehemaligen Kloster bei der Kirche in Viktorsberg.

Das Erholungsörtchen Viktorsberg hat auf Grund seiner vorgeschobenen Höhenlage die längste Sonnenscheindauer von Vorarlberg. Der Wanderer wird begeistert sein von der Lage und dem Dorfbild dieser beiden kleinen Orte.

Die Wanderung nach Fraxern beginnt bei der vom Ghs. Alpenrose aufwärts führenden Straße. Bei der Linksabzweigung finden wir den Wegweiser nach Viktorsberg und Oberbühls. Gleich danach folgen wir der Tafel zum Mühleweg Richtung Fraxern. Ein ebener Spaziergang verläuft über dem Rheintal auf das gegenüberliegende Bergdörfchen Fraxern zu. Dann führt ein Waldweg in die Ratzbachschlucht. Der folgende Güterweg wird überquert (Wegweiser nach Fraxern). Hinter der Schlucht führt ein Wiesenweg durch einen großen Bestand von Kirschenbäumen. Für die Blütenpracht im Frühling und die schwarzen, saftigen Kirschen zur Erntezeit ist Fraxern berühmt.

Zum Rückweg nach Viktorsberg suchen wir vor dem Ghs. Krone das rechtsweisende Schild nach Viktorsberg. Beim Wegweiser nach Gubs und zum Töbele folgen wir rechts dem Mühleweg (weiß-blau-weiße Markierung) und kommen bald auf unseren Aufstiegsweg, der uns durch das Tobel zurückführt. Vor den ersten Häusern von Viktorsberg können wir bei einem neuen Wegkreuz noch einen lohnenden Abstecher nach Oberberg, zur Kirche und zum Ghs. Schöne Aussicht machen (Tafel). Die Ausstellungsstücke der Missionsausstellung stammen aus einer 30jährigen Missionstätigkeit in Afrika. Im nahen Ghs. Schöne Aussicht können wir einkehren; von dort zum Ausgangspunkt zurück.

Viktorsberg mit Klosterkirche.

27 Röthis — Viktorsberg
Auf einer Sonnentrasse in ein Höhendorf

Röthis — Viktorsberg — Röthis

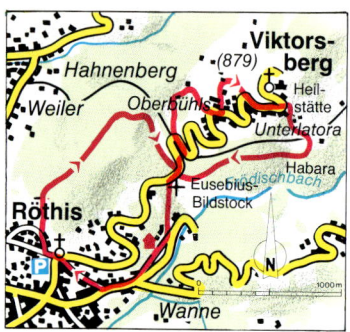

Talort: Röthis, 508 m, Dorf mit sonniger Lage und Weinbau.
Ausgangspunkt: Kirche Röthis.
Parkmöglichkeit: Bei der Kirche.
Gehzeiten: Röthis — Viktorsberg 1½ Std., Viktorsberg — Röthis 1 Std.
Anforderungen: Leichter Spaziergang ohne große Steigung.
Höchster Punkt: Viktorsberg, 879 m.
Einkehrmöglichkeiten: Restaurant Torggel in Röthis, Ghs. Alpenrose und Ghs. Schöne Aussicht in Viktorsberg.
Sehenswertes: Die Missionsausstellung im Kloster Viktorsberg, die Aussicht von Viktorsberg.

Abseits der Autostraße führen die beschriebenen Wege auf ein sonnig gelegenes Dorf. Man überblickt von dort oben die Oberländer Rheintalbucht mit ihren kleinen Ortschaften. Auch der Rückweg verläuft abseits des Verkehrs.

Aufstieg auf Waldwegen: Von der Kirche in Röthis, links zum Restaurant Torggel und an diesem rechts vorbei. Es folgt eine rechts abzweigende Bergstraße mit Tafel „Parcours". Vom Waldrand an benützen wir den beschilderten Waldpfad, der nach einer Biegung in den „Pfaffenkeller" führt.

Dort, wo der Waldpfad einen Weg kreuzt, weist eine Tafel rechts nach Viktorsberg. Auf einer Straße durch Hochwald erreichen wir eine Weggabelung mit Stützmauer. Wir gehen dort rechts über Sivalaberg. Die folgende Autostraße wird nur kurz berührt, um gleich wieder links auf einen Fußweg abzuzweigen. Wir kommen auf eine Bergwiese und finden beim ersten Einzelstrommast den Fußweg hangaufwärts. Beim Ortseingang kommen wir zum Ghs. Alpenrose. Am dortigen Brunnen vorbei führt ein Asphaltsträßchen zu mehreren Abzweigungen, von denen wir links in den Güterweg nach Oberbühls abzweigen (Mühlweg). Die Straße hinauf bis zum Wegweiser Richtung Ghs. Schöne Aussicht; dort zweigen wir auf einen Wiesenweg ab. Zwei Sonnenheilstätten nützen in Viktorsberg die herrliche Lage in schöner Landschaft und ländlicher Ruhe.

Am Ende des Weges steigen wir zur Klosterkirche hinauf.

Abstieg oberhalb des Frödischtals: Vom Kloster gehen wir zum nahen Gasthaus, wo ein Weg weiter zur Straße mit Wegweiser nach Unterlatora führt. Wir gehen in dieser Richtung auf der ebenen Straße. Kurz nach der Tafel „Habara" benützten wir eine rechts abzweigende Abkürzung auf den unten liegenden Güterweg. Wir bleiben auf dem breiteren Weg nach Röthis. Beim Wegweiser zum Eusebiusbildstock und nach Röthis zweigen wir dann

Röthis.

links ab. Beim Bildstock finden wir an der Straße die Tafel „Eusebiusweg". Bei der folgenden Tafel Richtung Röthis wählen wir den Badweg über Hotel Eden. Nach dem Bad und einem Stück Autostraße biegen wir rechts in den Königshofweg zur Kirche ab.

28 Muntlix — Furx

Kleine Bergparzellen mit alten Bauernhäusern liegen an unserer Rundwanderung

Muntlix — Batschuns — Suldis — Furx — Buchebrunnen — Muntlix

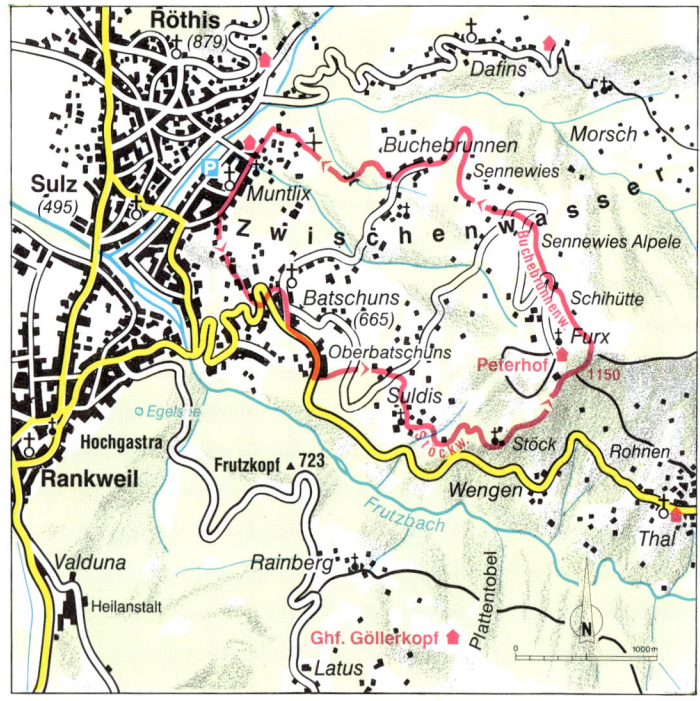

Talort: Muntlix, 525 m, Ortsteil der Gemeinde Zwischenwasser. Am sonnigen Südwesthang des Freschenstockes liegen fünf Bergparzellen.
Ausgangspunkt: Kirche von Muntlix.
Parkmöglichkeit: In der Umgebung der Kirche.
Gehzeiten: Aufstieg Muntlix — Furx 2 Std., Abstieg über Buchebrunnen 1½ Std.

Anforderungen: Gute Wege. Die Orientierungsangaben sind genau zu beachten.
Höchster Punkt: Furx, 1150 m.
Einkehrmöglichkeiten: Alpengasthof Peterhof in Furx, Ghs. Schlößle in Batschuns.
Sehenswertes: Das Wildgehege beim Peterhof.

Am in wellenförmigen Geländestufen abfallenden Freschenstock liegen auf versteckten Terrassen bäuerliche Höhensiedlungen, die wir auf diesem Rundgang durchwandern.

Oberland von Batschuns aus.

Die Route beginnt bei der Kirche Muntlix, wo wir zum Hang und dann die Straße rechts hinauf wandern. In der netten Parzelle Daliebis gehen wir links Richtung Oberbatschuns. Dieser alte Weg überquert die Straße und führt nach Batschuns, wo wir bei Wegtafeln nochmals die Laternser Straße überqueren. Nach 100 m zweigen wir rechts ab. Vom Schulhaus in Batschuns folgen wir der beschilderten Straße nach Suldis. Bei der Abzweigung vor Suldis verlassen wir die Straße. Die Bergparzelle Suldis liegt mit ihren alten Häusern auf einer grünen Geländestufe. Nach der Kapelle führt unser Weg auf den beschilderten Stöckweg nach Furx (weiß-rot-weiße Markierung). Auf der Stöck steht eine alte Kapelle, und bei der betafelten Abzweigung nach Furx sieht man ins Laternser Tal.

In Furx an der Kapelle vorbei auf der Straße, bis nach der „Skihütte" eine Tafel auf den Buchebrunnenweg weist, auf dem wir absteigen. Der schlecht zu sehende Weg mündet auf eine Weide, auf der man rechtshaltend absteigt. Einige Markierungen und eine Tafel am Waldrand bezeichnen den Fußpfad. Die Aussicht ist dort prächtig. Man überquert die Straße und folgt nach einem Parkplatz dem Forstweg; nach 30 m zur Straße hinab.

Nach Sennewies überschreitet man die Straße und folgt weiß-rot-weißen Markierungspfählen zu einer Heuhütte, an der eine Tafel nach Buchebrunnen weist. Auf einem Güterweg zur Parzelle Buchebrunnen. Dort zweigen wir bei einem Stadel (in der Nähe liegt eine Wirtschaft) mit Markierungstafeln rechts hinunter unbezeichnet nach Muntlix ab. Bei der nächsten Wegkreuzung wählen wir wieder den abwärtsführenden Weg. Bald sieht man die Kirche von Muntlix, bei der wir herauskommen.

29 Furx — Alpwegkopfhaus, 1481 m

Gemütliche Wanderung auf einen Aussichtspunkt

Furx — Alpwegkopfhaus — Furx

Talort: Rankweil, 502 m, oder Sulz, 495 m.
Ausgangspunkt: Peterhof in Furx.
Parkmöglichkeit: Beim Peterhof.
Gehzeiten: Aufstieg zum Alpwegkopfhaus 1¼ Std., Abstieg 1 Std.
Anforderungen: Unschwierige Wanderung. Auch für Kinder geeignet.

Höchster Punkt: Alpwegkopfhaus, 1481 m.
Einkehrmöglichkeiten: Alpwegkopfhaus (25 B., 30 L.), Peterhof in Furx.
Sehenswertes: Die weite Rundsicht vom nach allen Richtungen freistehenden Alpwegkopf.

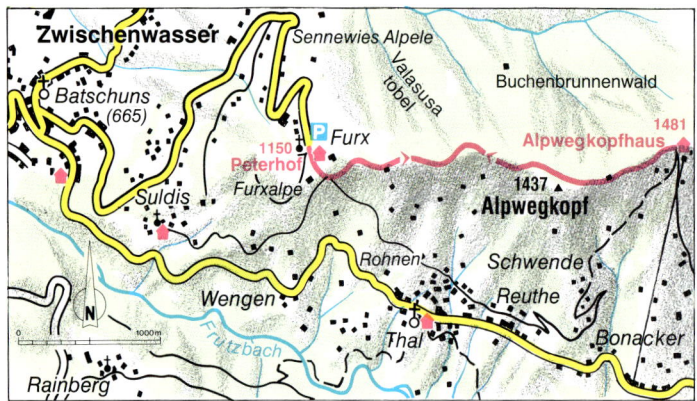

Schon die kleine Bergparzelle Furx kann uns begeistern. Sie liegt als Aussichtspunkt am Freschenstock. Der Aufstieg zum Alpwegkopf ist ein schönes Bergerlebnis.

Die Route beginnt am Peterhof rechts vorbei auf einem unbezeichneten Fußpfad, der auf den Bergrücken führt. Auf diesem leicht ansteigend weiter. Es folgt eine Hütte des Skivereins Muntlix. Wir gehen dort nicht auf dem Güterweg weiter, sondern viel schöner auf einem Fußpfad rechts an der Hütte vorbei. 50 m nach der Hütte kommt eine Abzweigung. Dort nicht links auf den Güterweg, sondern rechts auf dem Fußpfad weiter. Wir steigen genau auf dem Kamm hinauf und haben auf beide Seiten eine prächtige Aussicht. Weiter oben verläßt man wieder den Güterweg nach rechts und folgt dem alten Weg, den man an den abgewetzten Wurzeln und an der weiten Aussicht erkennt.

Der Alpwegkopf liegt nach allen Himmelsrichtungen frei und ist daher ein besonders schöner Platz mit weiter Rundsicht. Auf den Bänken kann man eine Pause machen und das Bild auf sich einwirken lassen.

An der Alpwegkopfalpe vorbei erreichen wir bald das vor uns liegende Alpwegkopfhaus, das außer in der Zwischensaison ganzjährig geöffnet ist. Durchgehend warme Küche und Übernachtungsmöglichkeit sind für den Touristen wertvoll. Wir kennen viele schöne Plätze im Land, aber dieser gehört zu den sonnigsten und gemütlichsten. Für den Abstieg wählen wir wegen seiner besonderen Schönheit den Aufstiegsweg.

Der Alpwegkopf.

30 Rankweil — Schattenburg
Höhenweg zu zwei mittelalterlichen Schlössern

Rankweil — Schloß Amberg — Schattenburg

Talort: Rankweil, 502 m, Marktgemeinde im Vorarlberger Rheintal.
Ausgangspunkt: Ghs. Sternbräu in der Nähe der Kirche.
Parkmöglichkeit: Beim Ghs. Sternbräu.
Gehzeiten: Rankweil — Schattenburg 1¾ Std., Rückweg 1½ Std.

Anforderungen: Leichte Wanderung.
Höchster Punkt: Schloß Amberg, 625 m.
Einkehrmöglichkeiten: Schloß Amberg, Schattenburg, Ghs. Sternbräu in Rankweil.
Sehenswertes: Das Heimatmuseum auf der Schattenburg.

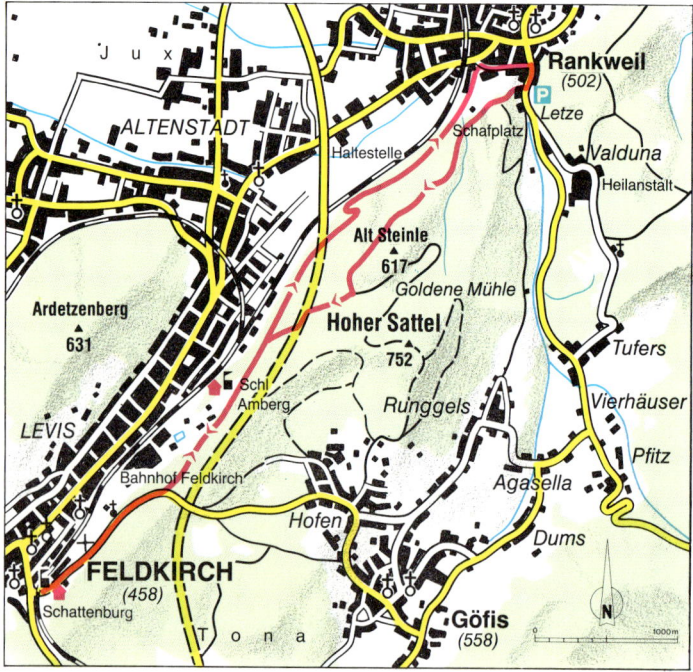

Verkehrsfreie Waldwege mit Sicht auf Feldkirch führen uns zum beliebten Wanderziel Schloß Amberg und dann eben zur sehenswerten Schattenburg. Von dort erreicht man in wenigen Minuten die Altstadt von Feldkirch.

Der Wanderweg von Rankweil bis zur Schattenburg führt von der Tafel „Letze" beim Ghs. Sternbräu bachaufwärts. Der nächste Wegweiser führt zum Schafplatz, wo wir einen Waldlehrpfad finden. Wir bleiben auf dem Fahrweg. Bei einer unbeschilderten Abzweigung rechts, bei der zweiten Abzweigung im Wald geradeaus (wenige blau-weiße Markierungen). Auf diesem Weg stehen Waldlehrtafeln. Achtung: Wir suchen die Tafel „Sandbirke" auf einem rechts abzweigenden Weg. Finden wir dann den Wegweiser nach Feldkirch über Amberg (blau-weiße Markierung), sind wir auf dem richtigen Weg. Das gut erhaltene Schloß Amberg ist bewohnt und besitzt eine Imbißstube. Von der Tafel „Schloß Amberg" gehen wir Richtung Feldkirch weiter. In der Schattenburg finden Führungen durch das Heimatmuseum statt.

Der Rückweg führt uns wieder zum Schloß Amberg. Wir wählen dort den beschilderten Talweg nach Rankweil. Bei einer Kurve in die Gegenrichtung verlassen wir dann die Straße in Richtung Rankweil, das wir am Bergfuß entlang erreichen.
Zum Abschluß lohnt sich noch ein Besuch der Burgkirche auf einem Felshügel bei unserem Ausgangspunkt, wo wir vom idyllischen Wehrgang aus die ganze Umgebung betrachten können.

Rankweil.

31 Schwarzer See — Übersaxen

Rundwanderung auf ein hochgelegenes Feriendorf

Schwarzer See — Spiegelstein — Übersaxen — Pfitz — Schwarzer See

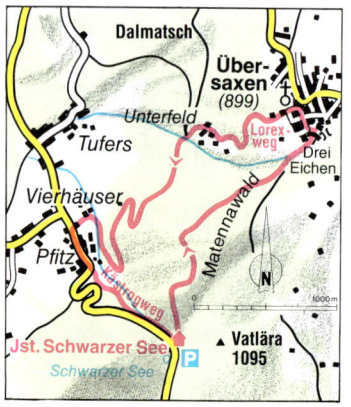

Talort: Vom Unterland aus: Rankweil; vom Walgau aus: Satteins, 495 m.

Ausgangspunkt: Schwarzer See, 570 m, zwischen Rankweil und Satteins.

Parkmöglichkeit: Bei der Jausenstation Schwarzer See.

Gehzeiten: Aufstieg 1¼ Std., Abstieg über Pfitz 1¼ Std.

Anforderungen: Teilweise sehr steil, rutschiger Waldboden. Die Tour ist deswegen nur für trockenes Wetter geeignet. Die Markierung ist nicht immer leicht zu finden.

Höchster Punkt: Übersaxen, 899 m.

Einkehrmöglichkeiten: Jausenstation Schwarzer See, Ghf. Krone und Ghs. Rößle in Übersaxen.

Sehenswertes: Die Aussicht von der Kirche aus auf die Rheinebene und die Schweiz.

Wir lernen bei dieser Wanderung ein altes Bauerndorf kennen.

Aufstieg: Bei der Jausenstation weist eine Tafel zum Spiegelstein und nach Übersaxen (nur für Geübte, weiß-blau-weiße Markierung). Ein Zickzackweg führt durch Mischwald einen steilen Hang hinauf; er ist auf Sichtweite markiert. Der interessante Steig führt dann beim Spiegelstein in die Felsen. Wichtig ist, dort genau auf die Markierung zu achten, die man auch weiter oben im Wald nicht verlieren darf. Wir treffen dann auf einen Güterweg, der geradeaus bis zu zwei Tafeln „Spiegelstein" führt: Dort zweigen wir rechts auf einen markierten Fußweg nach Übersaxen ab (Wegweiser). Zwei weitere Schilder weisen bei den Drei Eichen auf unseren Weg nach Übersaxen. Wir kommen 50 m über dem Dorf heraus und gehen dort der Kirche zu.

Zum Abstieg weist uns eine Tafel auf den Lorexweg über Pfitz zum Schwarzen See. Wir folgen dem Güterweg bis zu Wegweiser Richtung Unterfeld. Von dort weiter, bis der Weg bei einem Heustadel aufhört, dessen Markierung abgekratzt ist. Wir gehen dort vor dem Stadel rechts über die Wiese 30 m bis zum Waldrand. Die Wegmündung in den Wald ist 10 m rechts von einer Hochleitung bei einem roten Pfahl und einer verwitterten Markierung zu finden. Ein alter Hohlweg führt in den Wald. Bald kommt ein Wegweiser

Der Schwarze See.

zum Kästrogweg, nach Göfis, Pfitz und zum Schwarzen See. An einer Stelle ist der Weg steil, er führt aber dann gut ausgetreten in Kehren hinab. Dieser Waldweg ist völlig unmarkiert und daher mit der nötigen Aufmerksamkeit zu verfolgen. Er mündet auf einen Forstweg, dem wir abwärts folgen. In einer Kurve weist die Tafel „Kästrogweg" auf einen halblinks abzweigenden, alten Forstweg, der auf einen Güterweg trifft, den wir rechts abwärts einschlagen. In Talnähe weist bei einer scharfen Kurve eine verwittertes Schild zum Schwarzen See. Dieser schmale Weg ist als Nr. 15 markiert und führt zum Ausgangspunkt zurück.

32 Laterns — Hoher Freschen, 2004 m

Bergtour auf einen der schönsten Aussichtsberge des Landes

Laterns — Garnitzaalpen — Saluveralpen — Freschenhaus — Hoher Freschen — auf dem gleichen Weg zurück

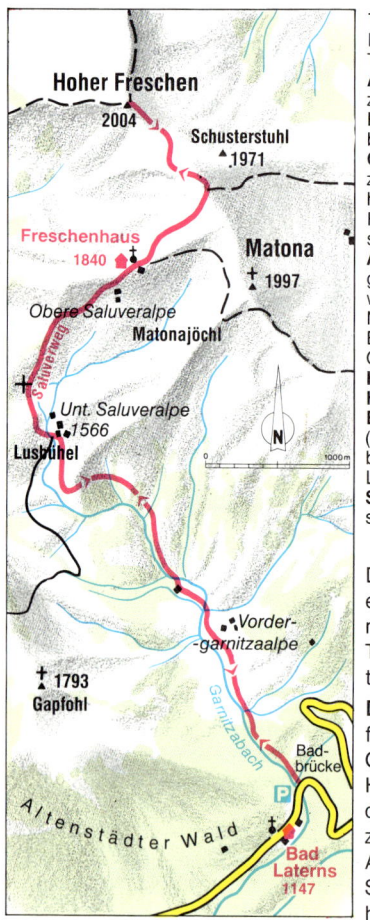

Talort: Über Rankweil, 502 m, nach Bad Laterns, 1147 m. Im Hintersten Laternser Tal liegt das Ghs. Bad Laterns.
Ausgangspunkt: 300 m taleinwärts bis zur Badbrücke, dort links hinauf.
Parkmöglichkeit: Vor und nach der Badbrücke.
Gehzeiten: Aufstieg von Bad Laterns bis zum Freschenhaus 2¾ Std., Freschenhaus — Hoher Freschen ½ Std., Abstieg Freschen bis Bad Laterns 2½ Std.; Gesamtgehzeit: 5¾ Std.
Anforderungen: Als Tagestour anstrengend, mit Hüttenübernachtung und etwas Kondition leicht zu schaffen. Bei Nebel um die Hütte Verirrungsgefahr. Beste Jahreszeit: Mitte Juni bis Mitte Oktober.
Höhenunterschied im Anstieg: 857 m.
Höchster Punkt: Hoher Freschen, 2004 m.
Einkehrmöglichkeiten: Freschenhaus (Alpenvereinshütte, geöffnet Mitte Juni bis Mitte Oktober, 27 B., 80 L.), Ghs. Bad Laterns.
Sehenswertes: Der Rundblick vom freistehenden Gipfel.

Diese Tour kann der Höhepunkt eines Bergsommers sein. Wer gemütlich gehen will, nimmt sich 1½ Tage Zeit und verbringt einen Hüttenabend im Freschenhaus.

Der Aufstieg zum Freschenhaus führt vom Ausgangspunkt auf dem Garnitzaweg über die Vordere zur Hinteren Garnitzaalpe und weiter durch den steilen Talschluß empor zu den Saluveralpen. Dort ist an der Alphütte eine Wegtafel Richtung Saluverweg, Lusbühel, Freschenhaus und Hoher Freschen ange-

Die Gipfel des Hohen Freschen.

bracht (rot-weiß-rote Markierung). Vor der Alpe kurz taleinwärts dann links hinauf, wo wir nach 50 m Steigung die Tafel „Lusbühel" finden. Es kommt dort ein Weg von Laterns her. Nun geht es über die Waldgrenze hinaus an der Oberen Saluveralpe vorbei zum Freschenhaus. Es gibt dort 26 Betten und 70 Matratzenlager (am Wochenende manchmal überfüllt). Neben der Freschenkapelle kann man in einem Alpengarten viele Bergblumen kennenlernen.

Gipfelbesteigung und Rückweg: Am zweiten Tag haben Frühaufsteher und Romantiker Gelegenheit, auf dem Gipfel den Sonnenaufgang zu erleben. Die weite Rundsicht, der Blick auf die Felsgrate und Täler ist großartig. Hier oben werden wohl keinem die Stunden lang. Ob man in verborgenen Schrofen die Alpenflora bewundert, ob man fotografiert oder einfach die Ruhe genießt — jeder kommt auf seine Rechnung.

Abstiegsmöglichkeiten gäbe es viele, doch um wieder an den Ausgangspunkt zu gelangen, ist der Aufstiegsweg der kürzeste.

33 Laterns — Alpwegkopfhaus, 1481 m

Runde auf wenig begangenen Wegen

Laterns-Bonacker — Mazona — Tschuggenalpe — Alpwegkopfhaus — Schwendeweg — Bonacker

Talort: Bonacker, 995 m, Weiler der Gemeinde Laterns.
Ausgangspunkt: Postautohaltestelle Ghs. Krone.
Parkmöglichkeit: Beim Ghs. Krone.
Gehzeiten: Aufstieg bis Alpwegkopfhaus 2 Std., Abstieg über Schwendeweg 1½ Std.
Anforderungen: Auf den oberen Alpwei-

den etwas Orientierungsvermögen erforderlich. Beste Jahreszeit: Anfang Juni bis Mitte Oktober.
Höchster Punkt: Alpwegkopfhaus, 1481 m.
Einkehrmöglichkeiten: Ghf. Bergfrieden in Mazona, Alpwegkopfhaus, Ghs. Krone in Bonacker.
Sehenswertes: Bis in die höchsten Lagen alte Walser Häuser.

Abseits überlaufener Touristenwege führt uns eine herrliche Runde über einsame Höfe auf die Sonnenseite der weitverstreuten Gemeinde Laterns.

Der Aufstieg über Mazona führt uns hinter dem Ghs. Krone die Asphaltstraße hoch. Bei der nächsten Abzweigung (Tafel „Reute"), wählen wir den weniger steilen Weg über Mazona. Dabei erleben wir das Laternser Tal als eine stille, von einzeln stehenden Walser Höfen besiedelte Landschaft. Beim Ghs. Bergfrieden, einem Platz mit Aussicht auf das Tal, gehen wir links Richtung Tschuggen (weiß-rot-weiße Markierung, Tafel). Beim Schild „Obermazona" führt unser Weg geradeaus zur Tschuggenalpe. Der Wiesenweg ist mit Pfeilen markiert. Die Markierung führt bis zum letzten Hof. Von dort steigen wir zum Alpkreuz hoch. Hinter diesem treffen wir auf ein Schild. Wir gehen dort Richtung Tschuggenalpe. Von dort führt ein ebener Weg in 20 Minuten zum Alpwegkopfhaus. Dieser Platz ist schon wegen seiner Lage auf dem Höhenkamm eine Einkehr wert.

Zum Abstieg wählen wir den Schwendeweg nach Bonacker. Er führt von der Hütte der Stromleitung entlang, dann an einem großen Haus links vorbei (weiß-rot-weiße Markierung). Zuerst führt ein Fußweg, dann ein Sträßchen hinab. Achtung: Bei der Tafel „Schwende" zweigen wir links auf den Tschuggenweg Richtung Mazona ab und überqueren die Schlucht (sonst würden wir nach Tal kommen). Danach erreichen wir bei der Tafel „Oberbonacker" die Asphaltstraße, auf der wir zu unserem Ausgangspunkt absteigen.

Laterns.

34 Furkajoch — Sünser Spitz, 2062 m

Höhenwanderung zwischen Laternser Tal und Bregenzerwald

Furkajoch — Alpe Portla — Blauer See — Sünser Spitz — Sünser See — Sünser Alpe — Portler Fürkele — Furkajoch

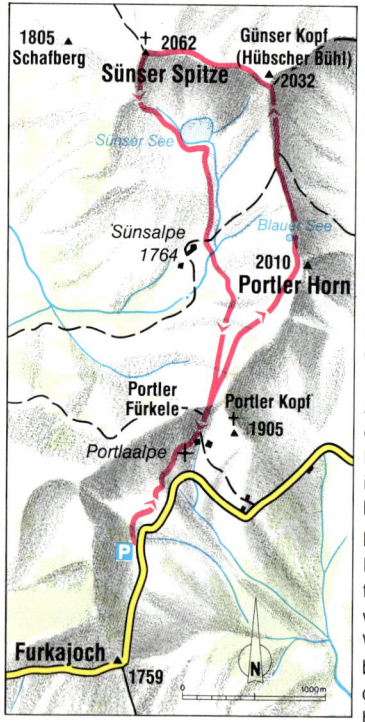

Talort: Vom Laternser Tal aus: Innerlaterns, vom Bregenzerwald aus: Damüls.
Ausgangspunkt: Furkajoch, Parkplatz 300 m Richtung Bregenzerwald.
Parkmöglichkeit: Parkplatz beim Ausgangspunkt.
Gehzeiten: Aufstieg 2½ Std., Abstieg über Sünser See 2 Std.
Anforderungen: Man sollte genug Zeit einplanen. Die Orientierung ist nicht ganz einfach. Beste Jahreszeit: Mitte Juni bis Mitte Oktober.
Höhenunterschied im Anstieg: 362 m.
Höchster Punkt: Sünser Spitz, 2062 m.
Einkehrmöglichkeiten: Jausenstube auf dem Furkajoch, sonst nur in den Talorten.
Sehenswertes: Die zwei am Weg liegenden stillen Seen.

Auf dieser Wanderung lernen wir eine abgeschiedene Gegend des Bregenzerwaldes kennen, die durch ihre Stille und Unberührtheit einen besonderen Reiz besitzt.

Den Aufstieg beginnen wir beim Parkplatz, von dem wir 100 m Richtung Damüls gehen. Dort zweigen wir auf den rot-weiß-rot markierten Weitwanderweg Nr. 233 ab. Schon bis zur Alpe Portla überblicken wir den hinteren Bregenzerwald. Oberhalb der Alpe Portla, bei einer Weggabelung, folgen wir einer Tafel rechts zum Sünser See und Sünser Joch. Hinter dem Übergang finden wir an einem Stein den Richtungspfeil zum Sünser Jöchle und schlagen den rechts abzweigenden Weg ein.

Fast eben und mühelos umrunden wir die riesige Mulde der unten liegenden Sünser Alpe, wobei der Hohe Freschen als Blickfang hervortritt. Eine schöne Überraschung am Weg bietet der kleine Blaue See. Er ist sehr tief

Vom Tälispitz Richtung Sünser Spitz.

und das Spiegelbild des Portler Horns kann ein wirklich interessantes Foto-
motiv abgeben.

Auf dem Sünser Joch liegt der dunkelgrün schimmernde Sünser See zu
unseren Füßen. Wir wollen den über den See aufragenden Sünser Spitz
(auch Sünser Blanken genannt) in einem leicht zu gehenden Bogen auf dem
Kamm besteigen. Auf dem Sünser Joch finden wir einen Wegweiser und folgen dem weiß-blau markierten Weg oben herum auf gutem Pfad zum Gipfel
des Sünser Spitz. Dieser Rundgang lohnt sich wirklich, denn neue Bilder bis
zum Bodensee hinaus tun sich auf, und die Rundsicht auf das schöne Berg-
land wird hier oben vollkommen.

Zum Abstieg in der gleichen Richtung weiter; wir finden einen guten Gras-
weg mit wunderschönem Blick. Man bleibt am besten bis zu einem mit Latschen bewachsenen Gegenhang auf dem Weg. Vor diesem gehen wir links
ab. Einem trockenen Bachbett folgend erreicht man den Sünser See. Der
idyllische Platz mit Sumpfdotterblumen und großen Libellen lädt zu einer
Rast ein.

Am anderen Ende ist der Seeabfluß. Wir gehen dort rechts vom Bach auf
einen Pfad. Die Gebäude der Sünser Alpe lassen wir rechts liegen und finden jenseits des Bachbettes den deutlich sichtbaren Weg zum Übergang
auf das Portler Fürkele und zur Alpe Portla. Kurz nach der Alpe können wir
auf einem Weg am Hang die Straße zum Parkplatz umgehen.

35 Laterns — Gerenfalben, 1938 m

Gipfel für Naturliebhaber

Altgerachalpe — Gerenfalben

Talort: Innerlaterns, 1048 m, vom Bregenzerwald aus: Damüls, 1431 m.
Ausgangspunkt: Wir fahren von Bad Laterns bis über die Waldgrenze und parken bei der Stelle, wo die Straße ihre Richtung nach Südosten ändert und eine Schotterstraße links abzweigt. Bitte richtigen Ausgangspunkt beachten!

Parkmöglichkeit: Siehe Ausgangspunkt.
Gehzeiten: Aufstieg 1¼ Std., Abstieg 1 Std.
Anforderungen: Keine besonderen.
Höchster Punkt: Gerenfalben, 1938 m.
Einkehrmöglichkeiten: Keine.
Sehenswertes: Die Alpenflora, die Gipfelwelt.

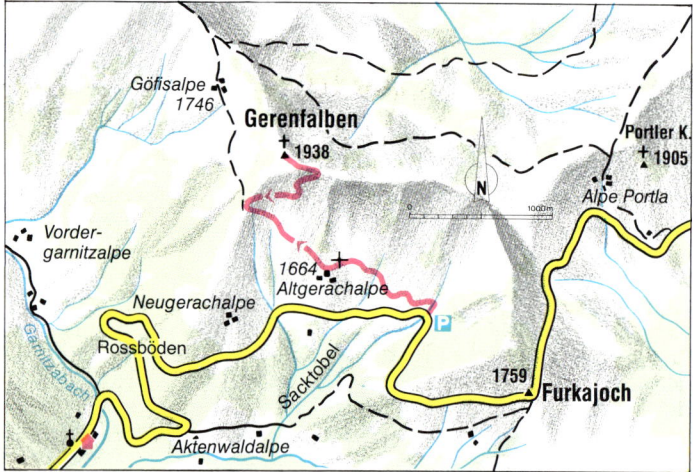

Das Gebiet liegt in einem Natur- und Pflanzenschutzgebiet. Riesige Alpenrosenfelder sind am Weg auf einen Gipfel, der äußerst selten besucht wird.

Von der Altgerachalpe zum Gipfel: Der Weg, den wir hinaufgehen, ist weiter oben weiß-blau-weiß markiert. Wir kommen an den Gebäuden der Altgerachalpe vorüber und setzen am Brunnen vorbei den markierten Weg fort. Nach einer großen Mulde am Hang folgt ein Übergang auf einem Grat. An dieser Stelle taucht der rundfelsige Gipfel der Hohen Matona auf. Genau auf diesem Grat zweigen wir rechts in die Geländemulde ab. Ein alter, befestigter Alpweg, der in der Karte eingezeichnet ist, führt aufwärts bis in die Mulde. Wo der Weg endet, auf Kuhwegen weiter aufwärts und über den mit

Landschaft bei Laterns.

Alpenrosen bewachsenen Hang auf den Kamm. Dort führt ein kleiner Pfad auf den Gipfel des Gerenfalben.

Schon beim Aufstieg überblickt man das hintere Laternser Tal mit seiner Bergumrahmung, und oben bietet sich eine überwältigende Aussicht auf beide Seiten des Kammes. Im Süden ist über dem Walser Kamm die Bergkulisse des Rätikons zu sehen. Links davon die Lechtaler Alpen mit der Roten Wand, und im Osten sind es die Berge bei Damüls, die besonders hervorragen. Vom Gipfel aus sieht man als Nachbarberg den Hohen Freschen.

Der Rückweg erfolgt auf dem gleichen Weg, wobei auf dem Übergang der weiß-blau markierte Rückweg genau zu suchen ist, weil dort noch ein anderer Weg abgeht.

36 Übersaxen — Üble Schlucht — Laterns

Abwechslungsreiche Wanderung vom Bergdorf Übersaxen durch eine wilde Schlucht.

Übersaxen — Rainberg — Üble Schlucht — Thal — Wiesalpe — Übersaxen

Talort: Rankweil, 502 m, gute Straße ins Bergdorf Übersaxen, 899 m.
Ausgangspunkt: Fuschelinaweg zwischen Übersaxner Kirche und Konsum.
Parkmöglichkeit: Beim Ghf. Krone.
Gehzeiten: Übersaxen — Thal 2 Std., Rückweg über die Wiesalpe 2½ Std.

Anforderungen: Keine besonderen.
Höchster Punkt: Tal, 921 m.
Einkehrmöglichkeiten: Ghs. Krone und Ghs. Rößle in Übersaxen, Ghs. zum Löwen in Thal.
Sehenswertes: Die geologischen Schichten in der Üblen Schlucht.

Übersaxen.

Diese Wanderung, bei der wir eine wilde Schlucht und den unwirtlichen Boden des Laternser Tales kennenlernen, bietet durch den Kontrast der lieblichen Bergdörfchen auf beiden Seiten viel Abwechslung.

Der Übergang nach Thal führt vom Ausgangspunkt zunächst als Asphaltsträßchen mit prächtigem Ausblick ins Rheintal, dann als Schotterweg zu einem Stall. Unmittelbar nach diesem zweigt ein geschotterter Fußweg links ab. Bei der beachtenswerten Kapelle in Rheinberg weist eine Tafel zur Üblen Schlucht. Der Rütteweg (Tafel, blau-weiße Markierung) führt als ebenes Schottersträßchen etwa 1½ km ins Laternser Tal. Bei einem Kiesplatz ist auf

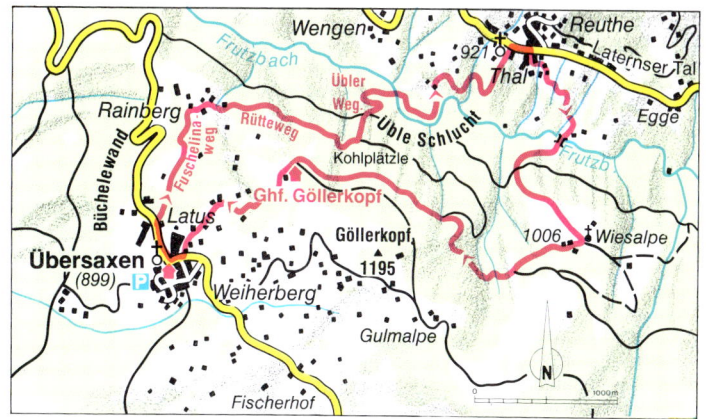

eine Linksabzweigung zu achten. (Wegweiser Kohlplätzle und in die Üble Schlucht, blau-weiße Markierung.) Ein steiler Pfad führt 80 m fallend auf eine Straße hinab, von wo sich der Üble Weg (Tafel) den Hang hinab windet. Wir passieren einen Wasserfall von ca. 40 m Fallhöhe. Der nächste Glanzpunkt ist eine Art Felsenhalle, in der markante Felsschichtungen auffallen. Die Schluchtbildung entstand dadurch, daß sich die Frutz durch den hochliegenden Talboden hindurchfraß. Die vielen Kalkschichten erzählen davon, daß hier in ungeheuren Zeiträumen in einem flachen Meer die Kalkbildung mit der Zufuhr von tonigen Schwebstoffen abgewechselt hat. Eingelagerte Schnecken und Fischschuppen erhärten diese Theorie.

Nun verengen sich die Schluchtwände derart, daß sie sich oben fast zu berühren scheinen. Nach Überwindung von 300 Höhenmetern führt der Weg aus der dämmrig-dunklen Schlucht auf die sonnigen Blumenwiesen der Parzelle Tal hinauf.

Zum Rückweg wählen wir die Route über die Wiesalpe. Gegenüber vom Ghs. zum Löwen gehen wir den Üblen Weg (blau-weiße Markierung) hinab. Vor dem Haus Nr. 53 führt ein Asphaltsträßchen links ab. Von diesem zweigt nach einer Brücke ein weiß-rot-weiß markierter Weg rechts ab. Am Gegenhang sieht man die rotgedeckte Wiesalpe mit drei Holzhütten und Kapelle, auf die wir nun zustreben. Ein gut markierter Wiesen- und Waldweg führt mit 150 m Gefälle zu einer gedeckten Holzbrücke über die Frutz. Vor einem Güterweg weist ein Schild zur Wiesalpe. Wir überqueren den Güterweg und folgen der rot-weiß-roten Markierung. Taleinwärts überblickt man die Streusiedlung Laterns. Von der Hütte der Wiesalpe führt ein Alpweg, dann ein Güterweg rechts in einer knappen Stunde nach Übersaxen.

37 Rund um Übersaxen

Vom Bergdorf zu zwei Aussichtspunkten und einem Hochmoor

Übersaxen — Gröllerkopf — Gulmalpe — Satteinser Gulmalpe — Moorgebiet — Übersaxen

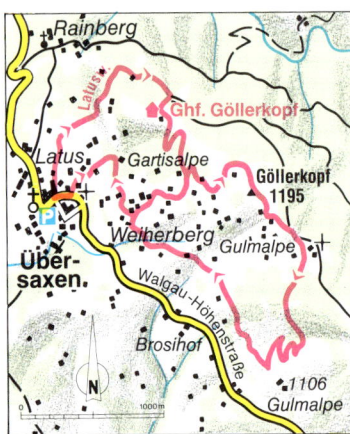

Talort: Rankweil, 502 m, Marktgemeinde im Vorarlberger Rheintal.
Ausgangspunkt: Ghs. Krone in Übersaxen.
Parkmöglichkeit: Parkplatz beim Ghs. Krone.
Gehzeiten: Übersaxen — Satteinser Gulmalpe 1½ Std., Satteinser Gulmalpe — Übersaxen ¾ Std.
Anforderungen: Leichter Spaziergang.
Höchster Punkt: Gröllerkopf, 1195 m.
Einkehrmöglichkeiten: Ghs. Krone und Ghs. Rößle in Übersaxen.
Sehenswertes: Das Hochmoor mit Aussicht auf den Rätikon.

Übersaxen ist ein Dörfchen hoch über der Nebelgrenze. Der unbeschwerliche und erholsame Rundgang ist wegen der freien Aussicht recht abwechslungsreich.

Aufstieg auf den Gröllerkopf und Übergang auf die Satteinser Gulmalpe:
Direkt vor dem Ghs. Krone zweigt die Walgau-Höhenstraße links ab. Nach 150 m kommt ein Wegweiser zur Gulmalpe. Kurz danach bei einer Wegkreuzung zweigen wir links auf den Latusweg ab. Es kommt dann noch eine Tafel „Gulm — Gerach", und von dort an gehen wir auf einem mit mehreren Bänklein versehenen Wiesenpfad bergan. Nach einem kurzen Waldstück geht es links hinauf, wo bald die Hügelkuppe des Gröllerkopfes sichtbar wird, erkenntlich an den Stützen des Schleppliftes. Auf einer schmalen Asphaltstraße streben wir nun dem Ziel zu. Es zweigt dann eine schmale Straße auf den Gröllerkopf ab.
Oben befinden wir uns auf einem Aussichtspunkt. Bergaufwärts unser nächstes Ziel, die Gulmalpe. An der Alphütte weist ein Schild auf den Gerachweg, den wir nur 40 Schritte entlang gehen. Dann nach rechts auf einen schwach sichtbaren, grasbewachsenen Weg zur Waldlücke. Am Waldrand steht ein Gatter mit einem rotmarkierten Stein. Der Weg geht unmarkiert Richtung Süden in den Wald.
Nach ca. 100 m kommen wir auf einen breiten Güterweg, dem wir abwärts folgen. Die Sicht wird wieder frei, und der Walgau mit der Rätikon-

Herbst in Übersaxen.

kulisse liegt in seiner ganzen Pracht vor uns. Unten werden die Dächer der Satteinser Gulmalpe, 1106 m, sichtbar, die wir auf dem erwähnten Güterweg erreichen.

Rückweg über das Hochmoor: Weil wir nun im weiteren Verlauf die Autostraße meiden wollen, zweigen wir in der Höhe des Brunnentroges dieser Alpe scharf rechts ab auf einen grasbewachsenen Fußweg Richtung Übersaxen, der sich wieder zu einem Karrenweg verbreitert. Beim Auftreten auf die Autostraße überqueren wir diese und gehen auf einem mit Fahrverbot belegten Weg durch eine Ansiedlung von Wochenendhäuschen bergab, der von hier aus sichtbaren Kirche des Erholungsdorfes Übersaxen zu. Wie auf einem Balkon liegt diese alte Siedlung hoch über Rheintal und Walgau.

38 Feldkirch — Ardetzenberg

Wildparkbesichtigung und Waldspaziergang

Feldkirch — Wildpark — Ardetzenberg

Talort: Feldkirch, 457 m, geschlossene Altstadt zwischen zwei Höhenzügen.
Ausgangspunkt: Vom Hotel zum Bären auf den Weinberg.
Parkmöglichkeit: Beim Hotel zum Bären oder vor dem Wildpark.
Gehzeiten: Bis zum Wildpark ½ Std.,
Waldlehrpfad und Abstieg 1½ Std.
Anforderungen: Keine.
Höchster Punkt: Ardetzenberg, 631 m.
Einkehrmöglichkeiten: Jausenstube im Wildpark, Hotel zum Bären in Feldkirch.
Sehenswertes: Die heimischen Tiere im Wildpark.

Besonders auch für Kinder ist der Wildpark ein Erlebnis, außerdem gibt es dort oben noch einen Kinderspielplatz und einen Waldlehrpfad.

Die Route beginnt bei der bez. Weinbergstiege. Beim ersten Gehege mit Rotwild gehen wir rechts. Vom Luxgehege geradeaus weiter auf einen Rundweg, der über den Sautränkeweg dann auf den Höhenweg abzweigt. Durch alten Mischwald erreichen wir die andere Seite des Wildparks und steigen auf dem Aufstiegsweg wieder ab.

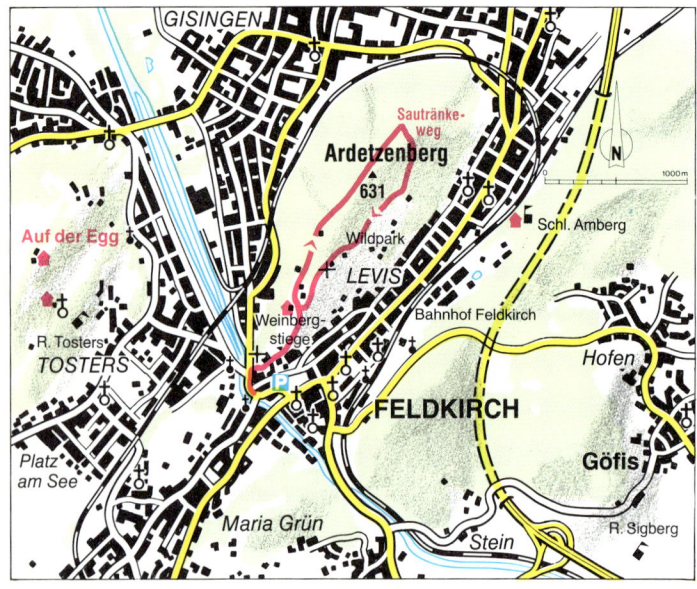

Feldkirch vom Ardetzenberg.

39 Feldkirch — Schellenberg

Ausflug auf eine Anhöhe in Liechtenstein

Feldkirch-Tosters — St. Corneli — Auf der Egg — Hinter- und Mittlerschellenberg — Obere Burg — Gantenstein — Auf der Egg — St. Corneli — Tosters

Talort: Tosters, 448 m.
Ausgangspunkt: Kirche von St. Corneli, die wir zu Fuß oder mit dem Auto erreichen.
Parkmöglichkeit: In St. Corneli.
Gehzeiten: St. Corneli — Mittelschellenberg 1 Std., Rückweg über Burg Neuschellenberg 1 Std.
Anforderungen: Unschwierige Wanderung. Paß und evtl. Schweizer Franken notwendig.
Höchster Punkt: Burg Neuschellenberg, 637 m.
Einkehrmöglichkeiten: Ghs. Auf der Egg, ein Gasthaus in Schellenberg.
Sehenswertes: Das Kirchlein St. Corneli mit der tausendjährigen Eibe, Burgruine Neuschellenberg.

Der Schellenberg, den wir durchwandern, liegt als langgezogener Bergrücken über den Ebenen des Rheintales. Er ist uraltes Siedlungsraum; die Ebenen waren noch bis zur Jahrhundertwende von den verheerenden Rheinüberschwemmungen bedroht. St. Corneli war schon vor über 700 Jahren besiedelt.

Feldkirch mit Schellenberg.

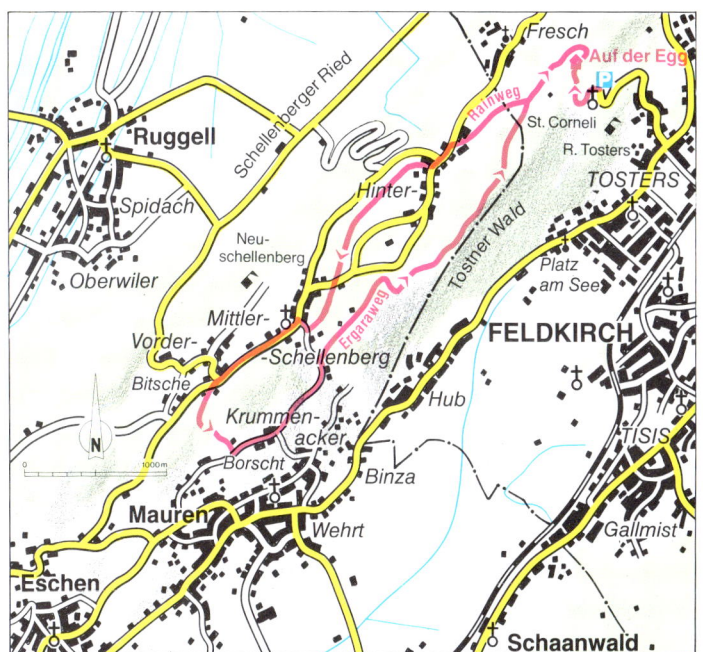

Aufstieg nach Schellenberg: Über den Burgweg erreichen wir St. Corneli. Vom dortigen Parkplatz weist eine Tafel nach Auf der Egg. Ein breiter Weg zweigt bald nach links ab, und über Steinstufen kommen wir nach Egg. Nach dem Gasthaus zweigen wir links ab und folgen dem Wegweiser zum Rainweg und nach Liechtenstein. Die Überschreitung der Grenze mit Paß ist gestattet.

In Hinterschellenberg zweigen wir von der Hauptstraße rechts auf den Kapellenweg ab. In Mittlerschellenberg kommen wir zum Kloster und Ghf. Krone. Dort weisen Schilder nach links; wir folgen nun der Hauptstraße bis zu den Wegweisern in Bitsche. Dort links auf den Nebenweg zur Oberen Burg, nach Borscht, Gantenstein, Auf der Egg und St. Corneli.

Rückweg über die Burg zum Ausgangspunkt: Auf dem Ergaraweg erreichen wir die Burgruine Neuschellenberg, auf der man einen Rundgang machen kann. Dann auf der Straße hinter der Burg weiter. Der Weg nach Gantenstein führt über die Höhe des Schellenberges am oberen Rand des Felsabfalls.

40 Göfis — Satteins
Familienspaziergang ohne Steigung

Göfis, Parzelle Büttels — Kristhof — Satteins — Mittlerer Kristweg — Göfis

Talort: Göfis, 558 m, Gemeinde auf einem Hochplateau inmitten von Wald und Wiesen.
Ausgangspunkt: Parzelle Büttels, Postautohaltestelle.
Parkmöglichkeit: In Richtung Frastanz (Tafel Ortsende) bei einer Linksabzweigung.
Gehzeiten: Göfis — Satteins 1¼ Std.,

Satteins — Mittlerer Kristweg — Göfis 1 Std.
Anforderungen: Leichte, ebene Wanderung auf guten Wegen.
Höchster Punkt: Göfis, 558 m.
Einkehrmöglichkeiten: Ghs. Lehrerhof und Ghf. Kreuz in Göfis, Ghs. Stern und Ghs. Krone in Satteins.
Sehenswertes: Blick in den Walgau.

Auf diesen Ausflug können auch Kinder mitgenommen werden. Sonnige, stille Plätze mit Bänken machen den Spaziergang zum Vergnügen.

Auf dem oberen Weg nach Satteins: Nach der Ortsendetafel von Göfis weist ein Schild auf eine Linksabzweigung Richtung Satteins (Weg Nr. 1). An den ersten zwei Häusern „Ob dem Stein" gehen wir rechts vorbei. Der folgende Hof ist der Kristhof, bei dem wir den Weg links hinauf gehen. Ein Höhenweg mit freier Aussicht auf den Walgau führt durch Obstgärten. Die Flur dort heißt Melkboden. Beim folgenden Rastplatz mit Bänken überqueren wir die Autostraße und gehen rechts versetzt auf einem Waldweg

Satteins im Walgau.

weiter. 40 m nach einem Jägerstand links auf einen Weg am Rand des Hochwaldes, der oberhalb der letzten Häuser von Satteins vorbeiführt. Bei einer Wegkreuzung steht die Tafel „Longstapfa". Dort scharf rechts abwärts auf einen Wiesenweg Richtung Satteins. Einen Hof umgehen wir rechts. Bei den ersten Häusern von Satteins machen wir einen Rechtsbogen über eine Brücke und finden, an einem Neubau vorbei, einen Wiesenpfad, der beim Haus Nr. 319 auf die Straße mündet. Wir folgen etwa 200 m der Hauptstraße rechts.

Rückweg auf dem Mittleren Kristweg: Nach einer steigenden Kurve zweigen wir beim Haus Nr. 194 auf den Mittleren Kristweg ab. Auf einem neuen, schönen Weg gehen wir nun Richtung Ausgangspunkt. Etwa auf der Hälfte des Weges bei einer Weggabelung links am dortigen Haus vorbei. Nach dem Kristhof folgen wir bei der Tafel „Ob dem Stein" dem Weg, auf dem wir hergekommen sind.

41 Satteins — Düns — Röns

Wanderung über drei Dörfchen am Sonnenhang

Satteins — Düns — Röns — und zurück

Talort: Satteins, 495 m, kleine Gemeinde am Fuße des Walser Kammes.
Ausgangspunkt: Kirchplatz in Satteins (Bushaltestelle).
Parkmöglichkeit: Am Kirchplatz.
Gehzeiten: Satteins — Düns 1½ Std., Rückweg über Röns 1½ Std.
Anforderungen: Leicht steigende Wan-

derung durch Wald und Wiesenlandschaft. Höhenunterschied: 258 m.
Höchster Punkt: Düns, 753 m.
Einkehrmöglichkeiten: Ghs. Zum Löwen, und Gerberstüble in Düns, Ghs. Stern und Ghs. Krone in Satteins.
Sehenswertes: Die alten Holzhäuser in Düns.

Diese drei Walgaugemeinden auf der Sonnenterrasse sind schon wegen ihrer heimeligen Lage und schönen Bauweise einen Besuch wert.

Bergaufwanderung nach Düns: Neben dem Haupteingang der Kirche, gegenüber dem Kriegerdenkmal, gehen wir am Konsum vorbei, die ansteigende Straße bis zum Wegweiser Richtung Sportplatz und Düns, dem wir folgen. Bei einem Sägewerk zweigen wir rechts ab und gehen einen Bach entlang. Der markierte Forstweg führt etwa 1½ km durch Hochwald. Wo rechter Hand Wiesen beginnen, bei einem hohen Jägerstand am Weg, liegt ein Findling in der Wiese. An diesem Stein vorbei werden wir auf dem Rückweg nach Röns absteigen. Kurz vor Düns liegt ein Fischteich. Es folgt das sehr gepflegte Örtchen Düns. Die Hanglage des Ortes ermöglicht prächtige Aus-

Satteins.

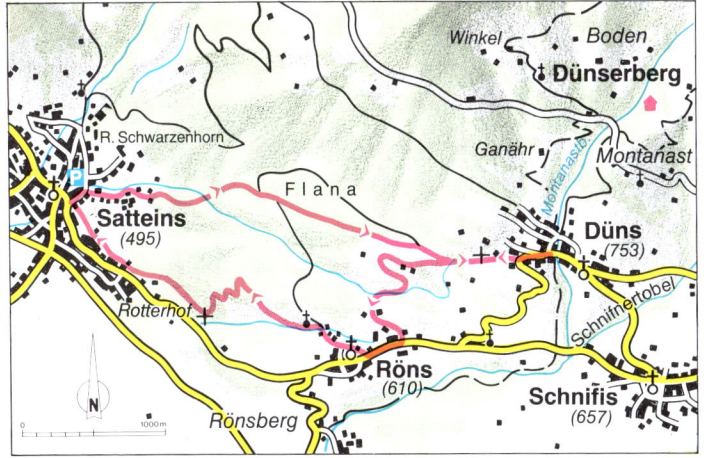

blicke auf die dem Walgau vorgelagerte Hügellandschaft. Nun zur Ortsmitte von Düns mit seiner sehenswerten Kirche. Vom Friedhof aus sieht man auf Schnifis hinunter.

Zum Abstieg nach Röns gehen wir zunächst den gleichen Weg zurück, am Fischteich vorbei, bis zum erwähnten Findling in der Wiese. An diesem vorbei führt der Weg bis zum nächsten Stall. Dort müssen wir einen in der Karte vermerkten, doch nicht mehr sichtbaren Weg suchen. Vor dem Stall sieht man den Beginn eines Hohlweges. Nun auf altem Wegrecht zwischen Stall und Waldrand gerade auf die unten liegende Wiese zu. Dort findet man rechts einen Weg und hinter einer Tanne eine Bank. Der Weg mündet bei einem neuen Hof auf ein Asphaltsträßchen, auf dem wir nach Röns gehen. Eines der kleinsten Dörfchen des Landes strahlt noch eine Atmosphäre aus, in der man sich wirklich wohlfühlen kann. Die Kirche besitzt einen wertvollen Hochaltar.

Von der Kirche Richtung Satteins geradeaus an einem Brunnentrog vorbei auf einem Güterweg mit Fahrverbot. Ein Bildstock bleibt rechts. Nach einem Müllplatz folgt eine Absperrung mit Drehkreuz. Um die Autostraße zu vermeiden, verlassen wir dort den Güterweg und gehen auf einer Traktorenspur weiter. Einen Bach lassen wir links. Es folgt ein Waldpfad, an dessen Ende man 30 m im Wald rechts hochsteigt. Von dort auf breitem, grasbewachsenem Forstweg bis zur Fitneßstrecke „Satteinser Waldlauf" mit Übungstafeln. Diese verfolgen wir in umgekehrter Richtung (Tafeln 4, 3 bis 1). Wir kommen dann auf einem Nebensträßchen direkt zur Kirche von Satteins.

42 Röns — Düns
Rundweg mit Blick in den Walgau

Röns — Düns — am Vermülsbach entlang zurück

Talorte: Frastanz, 509 m; Nenzing, 513 m.
Von den Talorten nach Röns.
Ausgangspunkt: Ghs. Zum Löwen in Röns (in der Nähe der Kirche).
Parkmöglichkeit: Beim Ghs. Zum Löwen.
Gehzeiten: Röns — Düns ¾ Std., Rückweg am Vermülsbach 1 Std.

Anforderungen: Abwechslungsreiche kleine Wanderung ohne Schwierigkeiten.
Höchster Punkt: Düns, 753 m.
Einkehrmöglichkeiten: Ghs. Zum Löwen in Röns, Ghs. Zum Löwen in Düns.
Sehenswertes: Die Kirche von Röns mit altem Altar, der Talblick von diesem hochgelegenen Dörfchen.

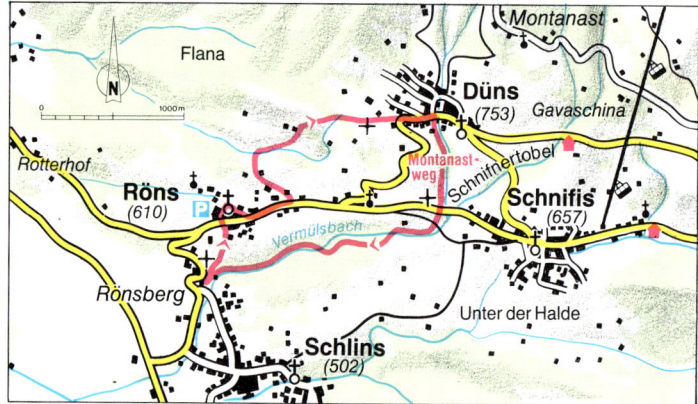

Zwölf kleine und sehr kleine Gemeinden liegen am Eingang zum Großwalsertal. Es sind uralte Siedlungen, in denen sich der Besucher entspannen und wohlfühlen kann.

Den Aufstieg nach Düns beginnen wir vom Ghs. Zum Löwen leicht steigend auf der Autostraße bis zum Sägewerk am Ortsende. Dort zweigt ein Asphaltsträßchen ab bis zum Bauernhof Nr. 47. Schon hier überblicken wir den Walgau. Ein Traktorenweg führt uns Richtung Walserkamm weiter. Von einer Bank, wo der Weg endet, steigen wir zwischen einem Stadel und dem Waldrand über die Weide hoch (altes Gehrecht). Wir kommen oben auf einen Güterweg und folgen diesem rechts an einem Fischteich vorbei bis Düns. Im Ort auf der Autostraße Richtung Kirche. 20 m vor einer Brücke zweigen wir rechts auf den Montanastweg ab (Tafel). Hier können wir einen Abstecher nach Düns machen und einkehren.

Wandern, ein Erholungssport.

Rückweg nach Röns: Wir folgen dann von der Brücke dem Montanastbach. Weiter unten weichen wir der Hauptstraße aus, indem wir einen Fußpfad am Bach entlang benützen. Ein Weg bei der nächsten Brücke wird überquert; wir folgen weiter dem Bach (alte weiß-rot-weiße Markierung). Dann wird die Hauptstraße überquert (Wegweiser nach Schlins). Bei der nächsten Brücke (Tafel Montanastbach) folgen wir wieder dem Bach. Wir überschreiten ihn sofort auf einer zweiten Brücke und finden einen frisch markierten Weg Richtung Schlins durch das locker bewaldete Tal des Vermülsbaches. Dieser Weg mündet in der Parzelle Rönsberg beim Haus Nr. 6 auf einen rechts aufsteigenden Weg. Auf diesem kommen wir in gut 10 Minuten abseits der Autostraße nach Röns zu unserem Ausgangspunkt zurück.
Die Kirche in Röns stammt aus dem 14. Jahrhundert; der rechte Seitenaltar ist einer der ältesten im Land. Alte Mauern in den Wiesen zeigen noch vom früheren Weinbau in dieser sonnigen Lage.

43 Dünserberg

Auf einsamen, sonnigen Höhenwegen in die kleinsten Bauerngemeinden

Montanast — Pfänderalpe — Schutzhaus Hensler — Montanast

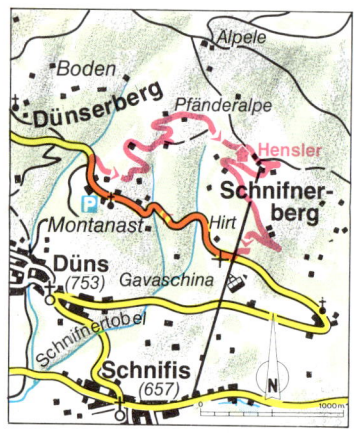

Talorte: Nenzing, 515 m, zu erreichen über Schlins — Röns — Düns; Rankweil, 502 m, zu erreichen über Übersaxen, 899 m.
Ausgangspunkt: Ghs. Alpengruß in der Parzelle Montanast, 1020 m.
Parkmöglichkeit: In beschränktem Umfang beim Ghs. Alpengruß.
Gehzeiten: Montanast — Ghs. Hensler 1¼ Std., Abstieg bis Montanast 1 Std.
Anforderungen: Leichtes Berggehen.
Höchster Punkt: Pfänderalpe, 1340 m.
Einkehrmöglichkeiten: Ghs. Alpengruß, Ghs. Enzian in Dünserberg, Schutzhaus Hensler in Schnifiserberg.
Sehenswertes: Die sehr hoch gelegenen Bauernhöfe des Walgaus.

Auf dieser Rundwanderung kann man das Gebiet der kleinsten Berggemeinden kennenlernen. Nach dem Krieg waren sie von Entsiedlung bedroht, jetzt geht es durch die neue Straße wieder aufwärts. Die Bauernhöfe liegen über insgesamt zehn Parzellen verstreut.

Aufstieg über die Pfänderalpe nach Schnifiserberg: 50 m nach dem Ghs. Alpengruß gehen wir die Schotterstraße hinauf. Bald folgt ein Alpweg mit einer alten, weiß-rot-weißen Markierung. Dort oben haben wir eine einmalige Aussicht auf das ganze Großwalsertal. Links im Hintergrund sieht man die Taleingänge von Klostertal und Montafon. Gegenüber wird unser Tal von den Rätikongipfeln eingerahmt, und rechter Hand liegt das Rheintal vor dem Alpstein.

Unser Weg führt zum Bauernhaus Nr. 21, von wo wir rechts auf einen Güterweg abzweigen. (Neben dieser Abzweigung liegt das Ghs. Enzian mit Aussichtsterrasse.) Wir bleiben auf dem breiteren Weg, der bei einem alten Bauernhof auf einen Güterweg mündet. Dort links zur Pfänderalpe, wo wir über die Weide aufsteigen und nach einem rechts führenden Alpweg suchen müssen. Bei einer neuen Jagdhütte zweigt ein nur schwach erkennbarer Fußpfad rechts ab. Wir treffen dann auf einen deutlichen Fußweg zum Hochgerach, den wir abwärts gehen, und kommen zu dem in herrlicher Aussichtslage liegenden Schutzhaus Hensler bei der Schnifiser Seilbahn.

Dünserberg gegen das Rheintal.

Rückweg zum Ausgangspunkt: 50 m nach der Seilbahn steigen wir bei der Wegtafel Richtung Schnifis ab. Nach Überquerung der Straße folgt am Waldrand ein gelb markierter Weg Richtung Schnifis. Bei der nächsten Straßenkreuzung finden wir 100 m rechts den Wegweiser nach Thüringerberg. Wir treffen bei der Abzweigung mit Wegtafel nach Übersaxen auf die Walgau-Höhenstraße und gehen auf dieser einen Kilometer bis Dünserberg-Montanast.

44 Schnifis — Hochgerach, 1985 m

Leicht zu besteigender Aussichtsberg im Walserkamm

Kabinenbahn Schnifis — Ghs. Hensler — Älpele — Hochgerach

Talort: Von Nenzing, 515 m, über Schlins und Röns nach Schnifis, 657 m, kleines Dorf am Südhang des Walserkammes.
Ausgangspunkt: Bergbahn-Talstation, Postautohaltestelle beim Ghs. Adler in Schnifis.
Parkmöglichkeit: Beim Ausgangspunkt.
Gehzeiten: Bergstation — Hochgerach 2½ Std., Abstieg 2 Std.

Anforderungen: Gute Bergwege. Auf dem Grat Abkürzung vermeiden. Höhenunterschied von der Bergstation aus: 645 m.
Höchster Punkt: Hochgerach, 1985 m.
Einkehrmöglichkeiten: Ghs. Hensler bei der Bergstation, Älpelealpe.
Sehenswertes: Die weite Aussicht von dem vorgeschobenen hohen Gipfel.

Der Walgau mit Schlins und Schnifis.

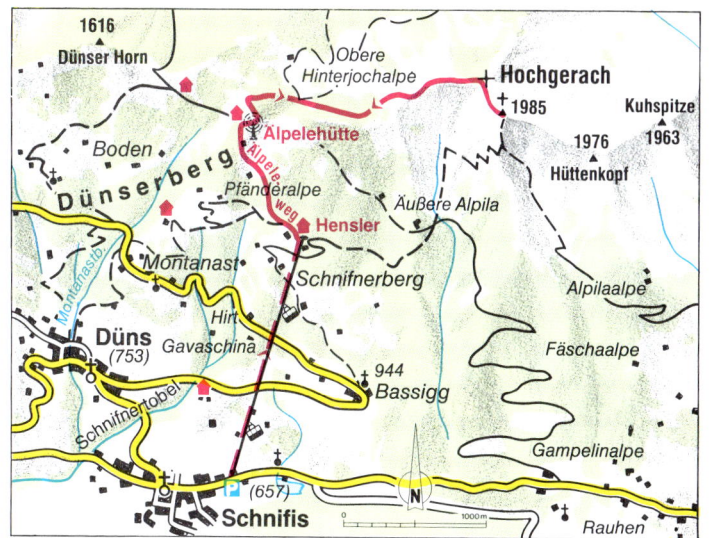

Man wird überrascht sein, wie ideal diese kleinen Örtchen und Parzellen am Walserkamm für einen Ausflug sind. Die Ruhe und Einsamkeit, die Natur am Wegesrand und die im Dunst gestaffelten Bergketten mit schimmernden Gletschern bis in die Schweiz hinein machen diese Tour zum Erlebnis.

Mit der Kabinenbahn zur Bergstation, dann zu Fuß auf den Gipfel: Nach der Fahrt von Schnifis auf den Schnifisberg wenden wir uns bei der Bergstation links hinauf Richtung Fernsehturm. Nach 100 m weist eine Tafel auf den weiß-rot-weiß markierten Älpeleweg. Die Älpelehütte ist ein beliebtes Ausflugsziel. Am Nebenhaus finden wir ein Schild zum Hochgerach über den Grat, dem wir folgen. Nach steilem Aufstieg erreichen wir den Grat, von dem aus man die Gipfelpartie mit zwei Kreuzen überblickt. Wir müssen dort die abwärtsführende Markierung beachten, sonst geraten wir über die Abkürzung auf einen etwas schwierigeren Grat. Der Gipfelanstieg ist unschwierig und von überraschender Schönheit.

Auf dem Kamm zum Laternser Kreuz, von dem wir das Laternser Tal mit seinen vielen Einzelhöfen liegen sehen. Im Hintergrund der Freschenstock. Vom zweiten Kreuz überblickt man den Bludenzer Raum.

Der Abstieg erfolgt auf dem gleichen Weg; wir fahren mit der Kabinenbahn hinunter. (Bei der Auffahrt sollte man sich nach der Abfahrtszeit der letzten Bahn ins Tal erkundigen.)

45 Drei Schwestern, 2052 m

Auffällige Gebirgskette mit markanten Felstürmen und herrlicher Aussicht

Amerlügen — Feldkircher Hütte — Vorderälpele — Hinterälpele — Saroja-sattel — Drei Schwestern — Garsellaalpe — Saroyasattel — gleicher Weg zurück

Talort: Frastanz, 494 m, große Gemeinde im Walgau mit hochgelegenen Parzellen.
Ausgangspunkt: Parzelle Amerlügen, bei der Materialbahn zur Feldkircher Hütte.
Parkmöglichkeit: Parkplatz bei der Materialbahn zur Feldkircher Hütte.
Gehzeiten: Aufstieg zur Feldkircher Hütte 1 Std., von dort auf die Drei Schwestern 4 Std., Abstieg über die Garsellaalpe nach Amerlügen 3 Std.; Gesamtgehzeit: 8 Std. (Weitwanderweg 102).

Anforderungen: Es empfiehlt sich, am Vortag zur Feldkircher Hütte aufzusteigen. Außer zwei 2 Eisenleitern und steilen Wegen (seilversichert) keine besonderen Schwierigkeiten. Trittsicherheit erforderlich. Beste Jahreszeit: Juni bis September.
Höhenunterschied im Anstieg: 1172 m.
Höchster Punkt: Drei Schwestern, 2052 m.
Einkehrmöglichkeiten: Feldkircher Hütte, Milchjause beim Hinterälpele.
Sehenswertes: Der großartige Blick ins Tal von den schroffen Felstürmen.

Diese Tour eignet sich für gute Geher. Die vorgeschobene Lage zum Rheintal und die Felslandschaft machen sie sehr reizvoll.

Frastanz.

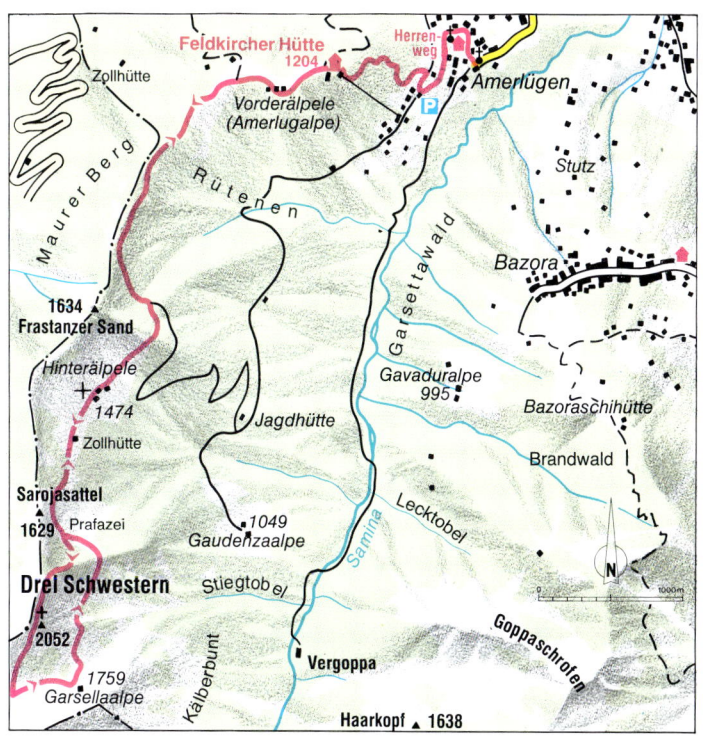

Der Aufstieg ist gut bezeichnet. Nach dem Ghs. Alpenrose in Amerlügen über den schmalen Herrenweg zur Seilbahn. Vom Parkplatz weist eine Tafel zur Feldkircher Hütte. Dort geleiten uns ein Wegweiser und die weiß-rot-weiße Markierung zu den Drei Schwestern. Nach dem Hinterälpele bei der Tafel „Prafazei" beginnt bei einer Weggabelung rechts der Drei-Schwestern-Steig, gut ausgetreten. Unser Ziel ist der erste Gipfel mit Blick bis zum Bodensee. Darunter in der Mulde liegt die Garsellaalpe.

Abstieg über die Garsellaalpe: Wir überschreiten den Gipfel Richtung Süden (roter Pfeil in der Rinne). Eine weiß-rot-weiße Markierung geleitet uns zum Wegweiser auf den Garsellaweg, dem wir links bis zur Garsella folgen (kein Wasser). Der Weiterweg führt zum Schild „Prafazei" und Naturfreundehaus. Auf dem Aufstiegsweg zum Ausgangspunkt.

46 Gurtisspitze, 1778 m

Auf stillen Wegen zu einem vorgeschobenen Aussichtsgipfel

Gurtis — Sattelalpe — Gurtisspitze — Bazoraalpe — Gurtis

Talort: Frastanz, 509 m, große Walgau-gemeinde am Fuße des Rätikons.
Ausgangspunkt: Zwischen Kirche Gurtis und Ortsplan auf der hinabführenden Straße.
Parkmöglichkeit: In der Nähe der Kirche.
Gehzeiten: Gurtis — Sattelalpe 2 Std., Sattelalpe — Gurtisspitze 1½ Std., Ab-stieg Gurtisspitze — Gurtis 3 Std.; Ge-samtgehzeit: 6½ Std.

Anforderungen: Gute Kondition und Orientierungssinn nötig. Normale Berg-wege. Beste Jahreszeit: Ende Juni bis Ende September. Höhenunterschied im Aufstieg: 874 m; Wegstrecke 7 km.
Höchster Punkt: Gurtisspitze, 1778 m.
Einkehrmöglichkeit: Ghs. Gurtisspitze in Gurtis.
Sehenswertes: Die Einblicke in die Fels-massive des Drei-Schwestern-Kammes.

Dieses Gebiet ist ruhig und erholsam geblieben. Um genug Zeit für eine be-schauliche Wanderung zu haben, ist früher Aufbruch zu empfehlen.

Der Aufstieg über die Sattelalpe beginnt 100 m nach dem Ausgangspunkt, beim Wegweiser zur Sattelalpe und auf die Gurtisspitze rechts hinauf. Wir steigen auf einem alten Alpweg hoch und müssen dann bei dem neuen Gü-

Gurtis von der Gurtisspitze.

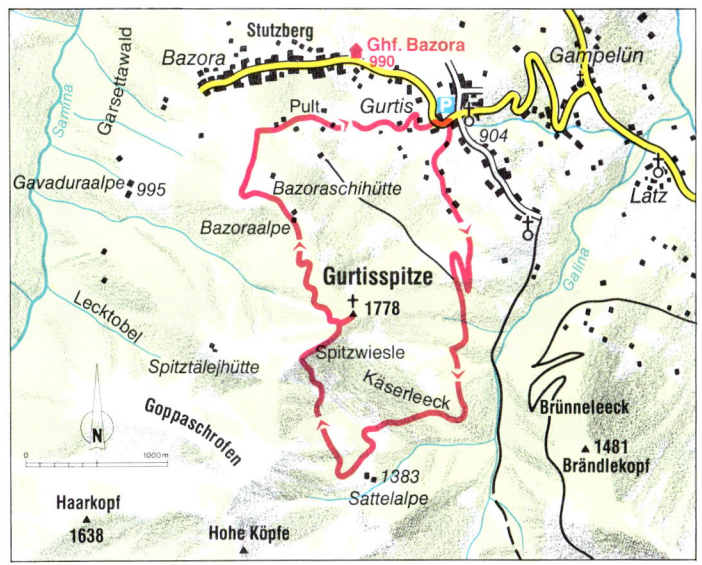

terweg in einer Kurve auf die Abzweigung zur Sattelalpe achten, da wir sonst zur Bazoraalpe kommen. Wir verlassen also dort die Straße und umrunden den Berg links herum (rote Markierung). Vom alten Alpweg ist teilweise nur noch ein Fußpfad vorhanden; hier weiden Schafe. Von der letzten Alphütte führt der Weg nach 50 m zu einem roten Pfeil, der halb links hinaufweist. Von der Tafel „Spitzwiesle 1700 m" führt eine blau-weiße Markierung auf die Gurtisspitze. Die Aussicht ist einmalig.

Zum Abstieg verlassen wir den Gipfel zunächst auf dem Aufstiegsweg, bis kurz danach auf einem Sattel der Wegweiser nach Gurtis (rot-weiße Markierung) nach rechts den Weg bezeichnet. Nach steilen Waldstücken folgen die Weiden der Bazoraalpe. Wir folgen der rot-weißen Markierung bis etwa in die Mitte des Skilifthanges und gehen dort rechts den Waldrand entlang hinab, wo ein Alpweg zu finden ist. Bei einem Gatter sehen wir die Stützen des zweiten Skiliftes, der von Gurtis heraufkommt. Nun durch jungen Wald, unmittelbar danach auf das „Pult", einen Platz von solcher Landschaftsschönheit, daß es sich lohnt, einen Moment innezuhalten.

Der gute Wiesenpfad führt direkt nach Gurtis; Abkürzungen zu den Häusern sind möglich.

47 Rätikondurchquerung, Teil 1

Aufstieg von Frastanz bis zur Feldkircher Hütte, Übernachtung, frühzeitig weiter über die Drei Schwestern

Frastanz — Amerlügen — Feldkircher Hütte — Vorderälpele — Hinter-älpele — Drei Schwestern

Höhenweg auf den Drei Schwestern.

Talort: Frastanz, 509 m, im Walgau.
Ausgangspunkt: Bahnhof Frastanz.
Parkmöglichkeit: Beim Bahnhof.
Gehzeiten: Frastanz — Amerlügen 1¼ Std., Amerlügen — Feldkircher Hütte 1½ Std., Übernachtung, Feldkircher Hütte — Hinterälpele ¾ Std., Hinter-älpele — Drei Schwestern 2½ Std.
Anforderungen: Trittsicherheit und gute Kondition erforderlich. Zwei Eisenleitern.

Beste Jahreszeit: Anfang Juli bis Ende August. Höhenunterschied Frastanz — Feldkircher Hütte: 695 m.
Höchster Punkt: Drei Schwestern, 2053 m.
Einkehrmöglichkeit: Feldkircher Hütte (geöffnet Ende Mai bis Anfang Oktober, 15 B., 50 L.).
Sehenswertes: Die Anlage des Drei-Schwestern-Steiges.

Um genug Zeit für die weite Rätikondurchquerung zu haben, schlagen wir vor, schon am Vorabend auf die Feldkircher Hütte aufzusteigen.

Der Aufstieg von Frastanz nach Amerlügen kann außer auf der Fahrstraße auch auf einem alten Weg gemacht werden. Vom Ghs. Alpenrose in Amerlügen führt der Herrenweg zur Materialbahn, bei der eine Tafel rechts zur Feldkircher Hütte weist. Am nächsten Morgen brechen wir frühzeitig auf und erreichen mit guter Markierung über das Vorder- und Hinterälpele die Tafel „Prafazei", wo sich der Weg teilt. Auf dem rechts abzweigenden Drei-Schwestern-Steig zum Gipfel des Felsmassives. Von diesem vorgeschobenen Aussichtspunkt genießen wir eine weite Fernsicht bis zum Bodensee hinaus. Weiter auf der in Teil 2 beschriebenen Route.

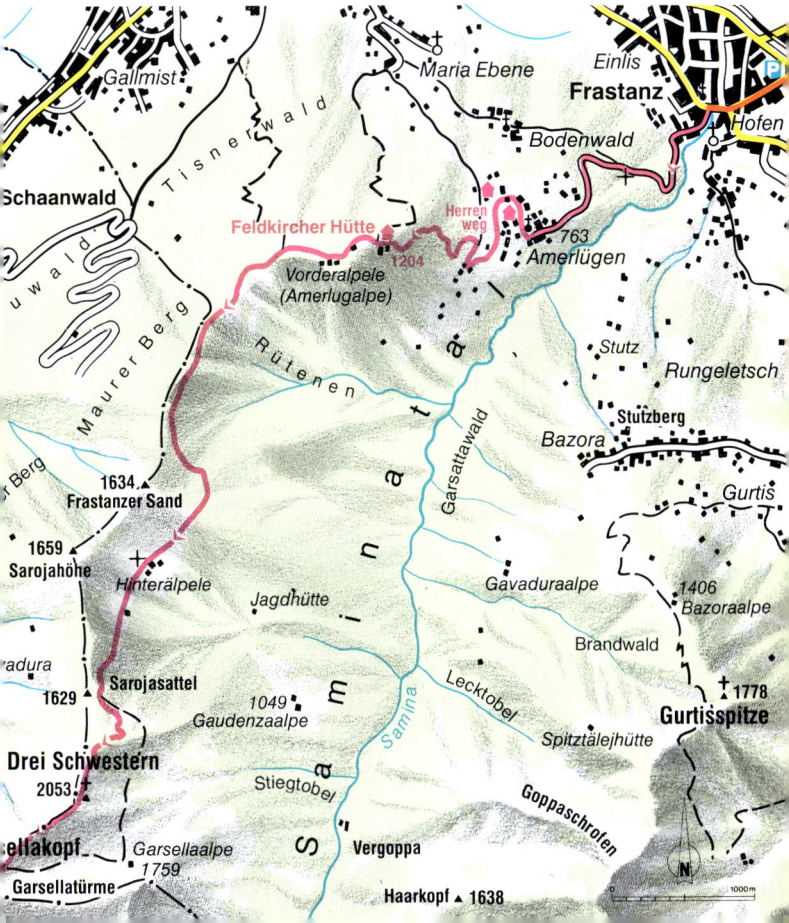

48 Rätikondurch-
querung, Teil 2

Von den Drei Schwestern auf dem Rätikon-Höhenweg nach Liechtenstein

Drei Schwestern — Garsellakopf — Kuhgrat — Gafleispitz — Silum — Sücka — Steg — Malbun

Ausgangspunkt: Feldkirchner Hütte – Drei Schwestern.
Gehzeiten: Drei Schwestern — Silum 4 Std., Silum — Malbun 2 Std.; die Tagesstrecke von der Feldkircher Hütte bis albun beträgt 8 Std. reine Gehzeit.
Anforderungen: Nur für bergtüchtige Wanderer mit guter Kondition und Bergausrüstung. Beste Jahreszeit: Anfang Juli bis Ende August. Höhenunterschied im Anstieg Feldkircher Hütte — Gafleispitz: 919 m.
Höchster Punkt: Kuhgrat, 2123 m.
Einkehrmöglichkeiten: Ghs. Silum, Berghof Sücka, Hotel Steg, Hotel Galina in Malbun. Touristenlager: Berghof Sücka, Hotel Steg in Steg, Hotel Galina in Malbun.
Sehenswertes: Der Rätikonkamm, der Fürstensteig, die kleinen Ortschaften in Liechtenstein.

Dieser Teil der Tour führt zuerst auf der Drei-Schwestern-Kette mit vielen Aussichtsplätzen zum Abstieg des großartigen Fürstensteiges, dann durch ein Hochtal mit dem Liechtensteiner Ort Steg und zur nächsten Übernachtung in Malbun.

Die Route: Über den Drei-Schwestern-Gipfel zum Garsellakopf und Kuhgrat. Wir folgen dem Wegweiser Richtung Gafleispitz und Pfälzer Hütte. Auf dem Gafleisattel zweigen wir rechts Richtung Fürstensteig und Silum ab. Den Fürstensteig er-

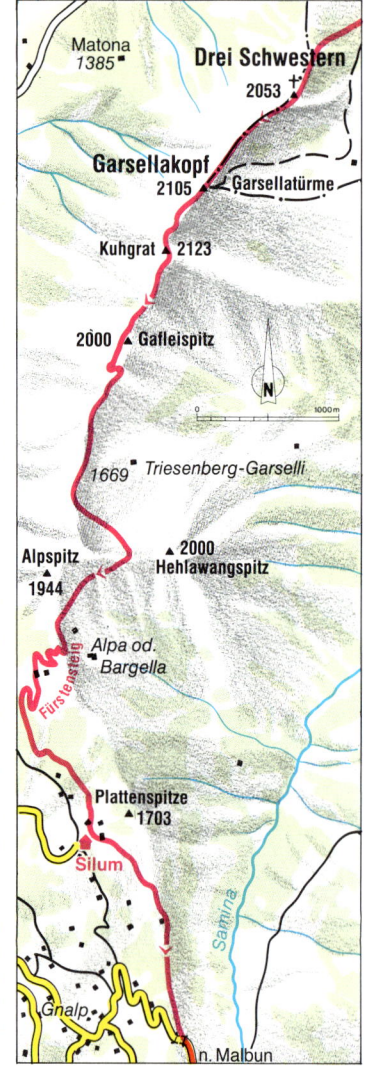

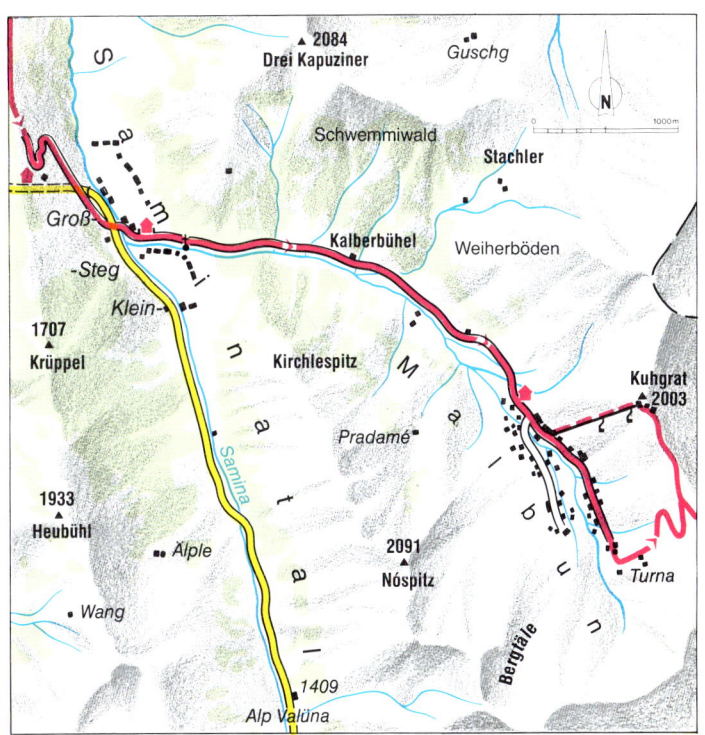

leben wir als großartigen, in steile Felsabstürze eingesprengten Weg, der aber gut gangbar ist. Vor einem Güterweg weist ein Schild nach Silum. Der nächste Wegweiser nach Silum, Steg und Malbun bezeichnet unseren Weg. Nach dem Ghs. Silum wählen wir den rechts abgehenden Spazierweg. Hinter dem lieblichen Örtchen Steg auf dem Gehsteig bis Malbun, wo wir eine Unterkunft suchen. Die Fortsetzung der Tour ist in Teil 3 beschrieben.

Diese Rätinkondurchquerung ist als Urlaubstour gedacht, wobei dazwischen mehrere Tage zur Besteigung der jeweiligen Hausberge eingeschoben werden können. Zum Beispiel kann man von der Pfälzer Hütte auf den Naafkopf steigen, oder man geht von der Douglasshütte auf den Saulakopf. Bei Schlechtwettereinbruch sind jeweils Talorte in Liechtenstein zu erreichen. Auch ein Hüttenaufenthalt mit gleichgesinnten Bergkameraden kann zum Erlebnis werden.

49 Rätikondurchquerung, Teil 3

Weiter auf den Rätikon-Hauptkamm, dann auf die Südseite unter der Schesaplana

Malbun — Sareiser Joch — Augstenberg — Pfälzer Hütte — Hochjoch (Große Furka) — Salarueljoch (Kleine Furka) — Schesaplanahütte

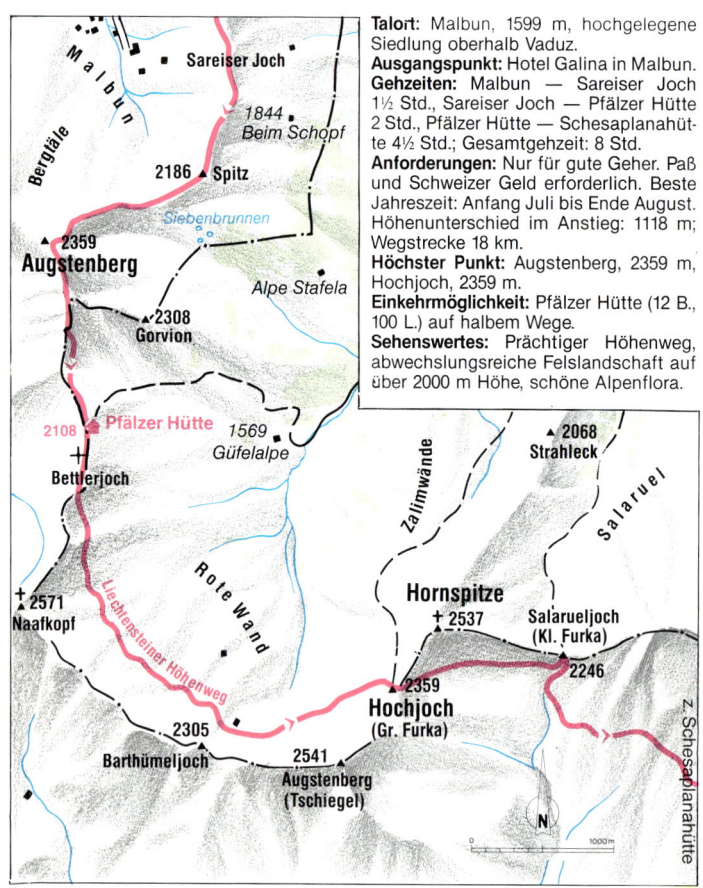

Talort: Malbun, 1599 m, hochgelegene Siedlung oberhalb Vaduz.

Ausgangspunkt: Hotel Galina in Malbun.

Gehzeiten: Malbun — Sareiser Joch 1½ Std., Sareiser Joch — Pfälzer Hütte 2 Std., Pfälzer Hütte — Schesaplanahütte 4½ Std.; Gesamtgehzeit: 8 Std.

Anforderungen: Nur für gute Geher. Paß und Schweizer Geld erforderlich. Beste Jahreszeit: Anfang Juli bis Ende August. Höhenunterschied im Anstieg: 1118 m; Wegstrecke 18 km.

Höchster Punkt: Augstenberg, 2359 m, Hochjoch, 2359 m.

Einkehrmöglichkeit: Pfälzer Hütte (12 B., 100 L.) auf halbem Wege.

Sehenswertes: Prächtiger Höhenweg, abwechslungsreiche Felslandschaft auf über 2000 m Höhe, schöne Alpenflora.

Diese dritte Wegetappe ist zwar anstrengend, aber so vielgestaltig, daß der Tag unvergeßlich bleibt. Vom Fürstentum Liechtenstein wechseln wir auf Schweizer Gebiet.

Den nächsten Tagesmarsch können wir in Malbun mit einer Liftfahrt um eine knappe Stunde kürzen. Die Route verläuft nach folgenden Orientierungspunkten: in Malbun vom letzten Haus zur Turnaalpe, von dort Zickzackweg auf das Sareiser Joch, wo eine Tafel zum Augstenberg und zur Pfälzer Hütte weist. Nach der Pfälzer Hütte Wegweiser auf den Liechtensteiner Höhenweg und zur Schesaplanahütte. Es folgen Barthümeljoch, Große Furka und Kleine Furka, nach der die Schesaplanahütte zu sehen ist, wo wir übernachten (von Samstag auf Sonntag oft überfüllt). Fortsetzung siehe Teil 4.

Panorama von der Schesaplana.

50 Rätikondurchquerung, Teil 4

Über die Schesaplana zum Lüner See

Schesaplanahütte — Gemslücke — Schesaplana — Totalphütte — Douglasshütte — Brand

Talort: Brand, 1037 m, Ferienbergdorf im Rätikon, Endpunkt der Tour.

Ausgangspunkt: Schesaplanahütte am Südhang der Schesaplana.

Gehzeiten: Schesaplanahütte — Gemslücke — Schesaplana 4 Std., Schesaplana — Douglasshütte 3 Std., — Abstieg nach Schattenlagant 1 Std.; Gesamtgehzeit: 8 Std.

Anforderungen: Gute Kondition erforder-

lich. Vor und nach der Gemslücke auf die richtige Route achten! Beste Jahreszeit: Anfang Juli bis Ende August.

Höchster Punkt: Schesaplana, 2965 m.

Einkehrmöglichkeit: Totalphütte (geöffnet Ende Mai bis Anfang Oktober, 60 L., 40 Nl.).

Sehenswertes: Die Alpenflora am Südhang und die Rundsicht vom höchsten Rätikongipfel.

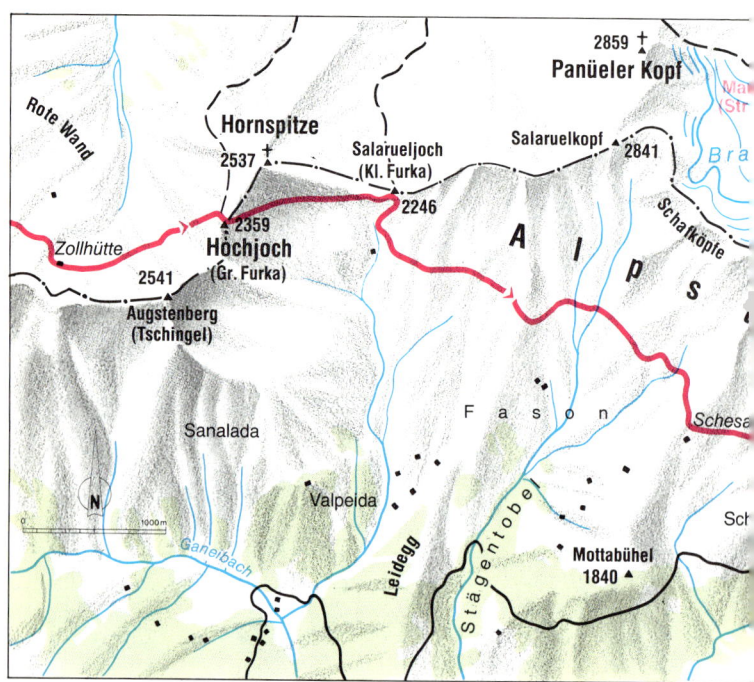

Zum Abschluß der großen Bergwanderung besteigen wir den höchsten Gipfel der ganzen Gruppe und steigen zum Lüner See ab.

Der Aufstieg auf die Schesaplana erfolgt nicht direkt von der Schesaplanahütte aus, sondern weniger steil über die Gemslücke. In Richtung Colrosa (Tafel) verlassen wir die Hütte. Nach einer Stunde weist ein Schild zur Gemslücke und Totalphütte links auf eine Markierung. (Wer die Schesaplana nicht besteigen will, geht dort geradeaus über das Cavalljoch zum Lüner See). Nach der Gemslücke fällt der Weg 40 m, um danach zur Tafel „Gamsluggensteig" anzusteigen. Dann auf dem Schesaplanasteig zum Gipfel. Die Gipfelrundsicht bietet einen gewaltigen Kranz stolzer Berge.

Der Rückweg verläuft bis zur Abzweigung auf die Totalphütte genauso, dann über die Totalphütte zum Lüner See hinunter. Wir können dort bis 16.30 Uhr mit der Bahn ins Tal fahren oder über den Bösen Tritt in einer Stunde absteigen. Von Schattenlagant oder vom 6 km entfernten Brand geht es mit Postauto und Bahn über Bludenz nach Frastanz.

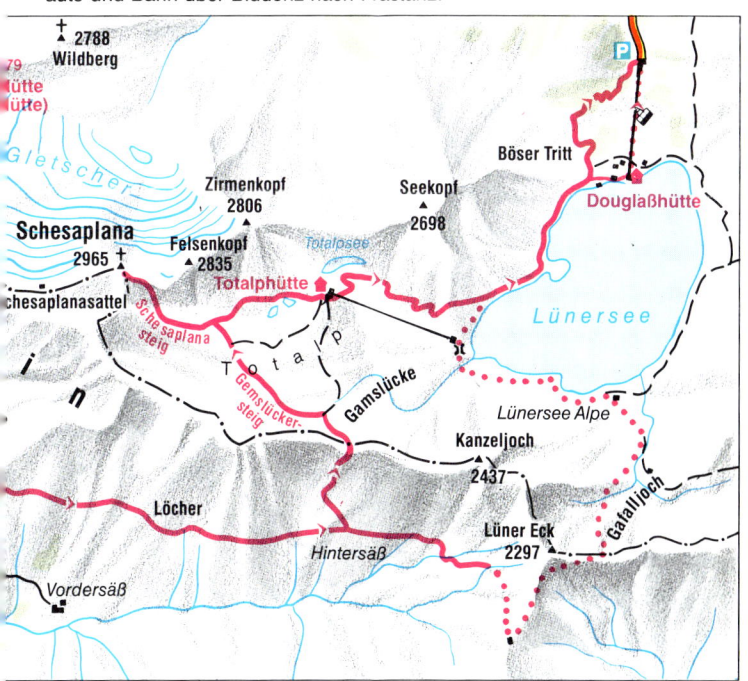

51 Lohnspitz, 1758 m

Ein wenig begangener Gipfel in stillem Gebiet

Gurtis — Äußere Gampalpe — Lohnspitz — und zurück

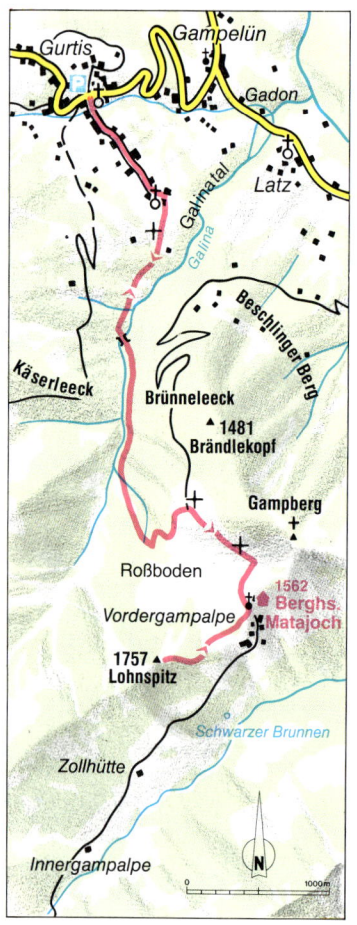

Talort: Frastanz, 509 m, Gemeinde mit Industrie im Walgau.
Ausgangspunkt: Kirche von Gurtis, 904 m.
Parkmöglichkeit: In der Nähe der Kirche.
Gehzeiten: Hinweg und Aufstieg 3½ Std., Rückweg 2½ Std.
Anforderungen: Vor dem Gipfel kurzes steiles Waldstück, sonst gute Wege. Beste Jahreszeit: Mitte Juni bis Ende September. Höhenunterschied im Anstieg: 854 m.
Höchster Punkt: Lohnspitz, 1758 m.
Einkehrmöglichkeiten: Berghaus Matajoch auf der Gampalpe, Ghf. Leni in Gurtis.
Sehenswertes: Riesige Murbruchverbauungen am Ende des Galinatales. Ohne diese Wildbachregulierungen wären die Siedlungen im Tal häufig durch Überschwemmungen bedroht.

Dieses etwas abgeschiedene Berggebiet bietet noch Natureindrücke von seltener Ruhe und Schönheit.

Der Aufstieg beginnt vom Tal aus gesehen bei der Kirche links auf ebener Straße, wo wir etwa 1 km bis zum Wegweiser Richtung Gampalpe und Galinaalpe gehen. Nach der Fahrverbotstafel führt ein Forstweg am Galinabach entlang. Hinter der Brücke folgen wir der Tafel zum Herrenweg (gelb-rote Markierung). Nach einer großen Mauer der Wildbachverbauung bei den Wegtafeln links zur Gampalpe. Der folgende Zickzackweg führt uns aus dem Galinatal auf die Höhe, wo wir auf einem Grat bei einem riesigen verbauten Murbruch die Rundsicht betrachten können. Am Talende liegt

Blick von der Lohnspitze zu den Gampalpen.

die Galinaalpe, darüber thront der Felskoloß des Galinakopfes mit Gipfelkreuz, links sieht man den Lohnspitzkamm. Unser Weg führt auf die Äußere Gampalpe.

Zum Aufstieg auf die Lohnspitze gehen wir zwischen der Kapelle und dem Alpgebäude einen Güterweg hoch. Vom letzten Sommerhäuschen aus steigen wir auf einem Kamm hinauf. Dann am unteren Waldrand entlang hinauf (Wegspuren). Im Wald finden wir dann einen deutlichen Pfad, der uns nach einigen hohen Tritten ohne Schwierigkeit auf den Gipfel führt. Von hier können wir die ganze Umgebung dieses fast unbegangenen Alpengebietes kennenlernen. Hervorstechend am Talende liegt der Galinakopf an der Liechtensteiner Grenze. Die rechts davon abfallende Felskette mit den Hohen Köpfen und der Gurtisspitze ist von Gurtis aus begehbar. Über dem Walgau und dem Rheintal sieht man bis zum Bodensee hinaus.

Zum Abstieg gehen wir auf dem gleichen Weg zurück, weil dieser der schönste ist.

52 Nenzinger Himmel — Pfälzer Hütte, 2108 m

Bergtour in ein romantisches Talende

Nenzinger Himmel — Sareiser Joch — Augstenberg, 2359 m — Pfälzer Hütte — Nenzinger Himmel

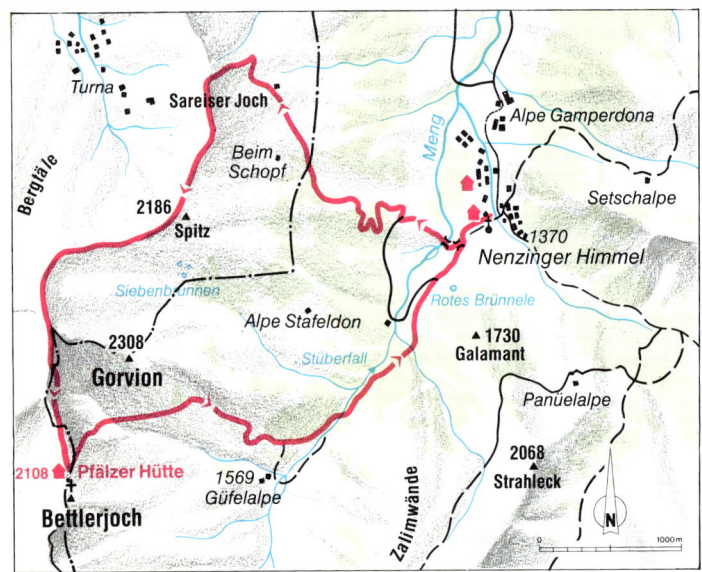

Talort: Nenzing, 530 m, Gemeinde mit großem Wandergebiet im Rätikon.

Ausgangspunkt: Nenzinger Himmel, Sommersiedlung im Abschluß des Gamperdonatales 13 km von Nenzing, 1370 m. Anfahrt mir Privatbus mehrmals täglich möglich.

Parkmöglichkeit: Busstelle Nenzing.

Gehzeiten: Bis Pfälzer Hütte 3 Std., Abstieg über Güfelalpe 2 Std.

Anforderungen: Gute Kondition erforderlich, sonst keine Schwierigkeiten. Beste Jahreszeit: Ende Juni bis Ende September. Höhenunterschied im Anstieg: 989 m.

Höchster Punkt: Pfälzer Hütte, 2108 m.

Einkehrmöglichkeit: Pfälzer Hütte (17 B., 100 L.).

Sehenswertes: Die seltene, geschützte Alpenflora.

Diese Rundtour führt auf einem 2000 m hohen Kamm über Liechtensteiner Gebiet in ein sonst wenig begangenes, blumenreiches Tal.

Anfahrt und Anstieg: Das verlockende Sommerdorf mit dem schönen Namen ist nicht ganz leicht zu erreichen; entweder man riskiert einen fünf-

114

stündigen Fußmarsch oder benützt den Privatbus (mehrmals täglich). Der Ghf. Gampordona bietet auch Übernachtungsmöglichkeit. Ausgangspunkt ist das Café Panüler im Nenzinger Himmel. Die Kapelle lassen wir links liegen. Danach zeigt eine Tafel rechts auf den Sareiser-Joch-Weg und zum Sareiser Joch (rot-weiße Markierung). Der Alphütte Sareis folgt das Sareiser Joch, von wo sich ein Blick auf die Lichtensteiner Örtchen Malbun und Steg bietet. Ab dem Wegweiser Richtung Augstenberg, Pfälzer Hütte und Tobel (rot-weiße Markierung) leitet uns ein wundervoller Höhenweg mit abwechselnder Aussicht auf beide Seiten über blumenreiche Alpenmatten. Vom 300 m höher liegenden Augstenberg sieht man schon die Pfälzer Hütte und genießt den schönen Ausblick auf Liechtenstein und die Schweizer Bergwelt. Bald erreicht man die Pfälzer Hütte.

Abstieg über Güfelalpe: Bei der Hütte weist ein Schild auf die weiß-rotweiße Markierung zum Nenzinger Himmel, den wir in knapp zwei Stunden erreichen.

Im Nenzinger Himmel.

53 Baggerseen bei Nenzing

Spaziergang zu einem Fischergebiet

Schlins — Baggerseen

Nenzing.

Talort: Nenzing, Parzelle Beschling, 534 m.
Ausgangspunkt: Bushaltestelle Schlins.
Parkmöglichkeit: Bei der Bushaltestelle Schlins.

Gehzeiten: Hinweg ¾ Std., Rückweg ¾ Std.
Anforderungen: Kleiner Spaziergang.
Einkehrmöglichkeiten: Keine.
Sehenswertes: Die stillen Seen.

Ein Spaziergang in der Flußau der Ill mit netten Plätzen zum Verweilen.

Die Route beginnt zwischen Frastanz und Nenzing, wo bei der Bushaltestelle Schlins eine Feldstraße mitten durch eine ebene Fläche von Wiesen, Schilf und Streuefeldern führt. Rechter Hand wird das Gebiet durch einen hochstämmigen Auwald begrenzt. Bei der zweiten Abzweigung rechts bis zu einem dreigeteilten Baggersee mit klarem Grundwasser, in dem man den Forellen zuschauen kann.

Als Paradies der Sportfischer und Erholungsuchenden bietet dieser Platz entzückende Aufenthaltsmöglichkeiten für den Spaziergänger. Im Zentrum des bergumrahmten Walgaus gelegen, ist dieses Gebiet landschaftlich sehr anziehend.

Am Ende des Sees führt ein Weg geradeaus in ein kleines, verstecktes Ried, in das wir einen Abstecher machen können.

Zurück gehen wir am schönsten auf dem gleichen Weg, wo es auch einige Bänke zum Verweilen gibt.

Solche Erholungsgebiete in der Nähe von großen Ortschaften sind bei uns schon selten geworden. Daher werden diese Inseln der Ruhe immer mehr geschätzt. Wenn man das Hobby der Angler richtig versteht, weiß man, daß die Verbundenheit mit der Natur maßgebend für die Beliebtheit des Fischens ist. Auch dem Wanderer bieten sich die Möglichkeiten, den See zu umrunden, Rast zu halten, oder sich im angrenzenden Feucht- und Schilfgebiet umzusehen.

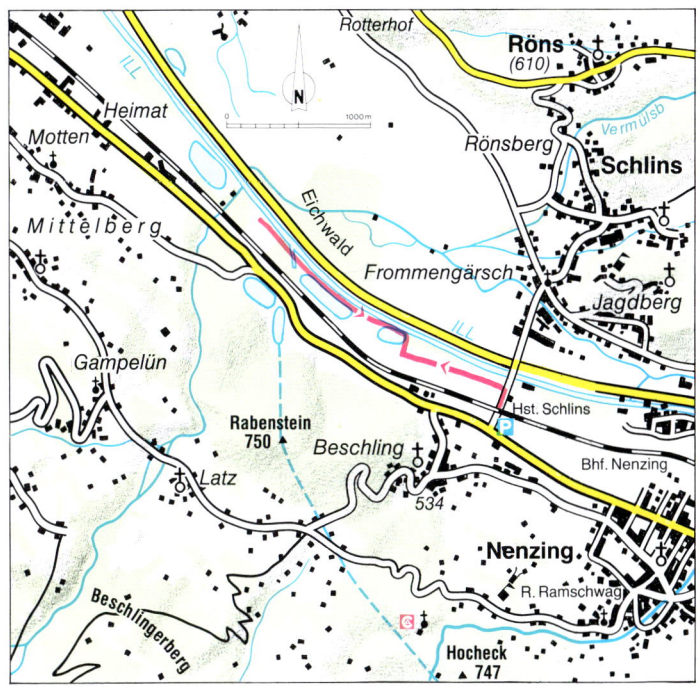

54 St. Gerold — Gaßneralpe, 1562 m

Bergwanderung zu den Walser Bauern

St. Gerold — Gaßnerberg — Gaßneralpe — Plansottalpe — St. Gerold

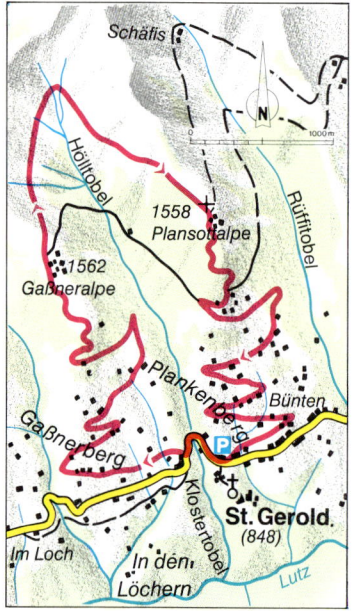

Talorte: Nenzing, 530 m, und Thüringen, 573 m, im Walgau: Bergdorf St. Gerold, 848 m, im Großwalsertal.

Ausgangspunkt: Gemeindeamt St. Gerold.

Parkmöglichkeit: Gegenüber vom Gemeindeamt.

Gehzeiten: St. Gerold — Gaßneralpe 2½ Std., Gaßneralpe — Plansottalpe — St. Gerold 2½ Std.

Anforderungen: Etwas anstrengender Aufstieg auf gut markierten Wegen. Höhenunterschied im Anstieg: 714 m.

Höchster Punkt: Gaßneralpe, 1562 m.

Einkehrmöglichkeit: Alpenheim Gaßneralpe mit Übernachtungsmöglichkeit.

Sehenswertes: eine original Walser Alpe mit Privathütten und Weiderechten; die Klosteranlage St. Gerold aus dem 11. Jahrhundert.

Auf dieser Rundwanderung lernen wir die typische Siedlungsform der Walser Bergbauern kennen: verstreut am Berghang liegende Einzelhöfe inmitten des dazugehörigen Grundbesitzes und Alpsiedlungen, in denen jeder Bauernhof eine Hütte besitzt.

Der Aufstieg auf die Gaßneralpe beginnt beim Wegweiser zur Probstei St. Gerold. Man geht etwa 500 m auf der Straße zurück, bis nach dem Hölltobel beim Haus Nr. 17 ein asphaltierter Güterweg rechts abzweigt (Fahrverbot). Wir bleiben auf diesem bis zur linksweisenden Tafel Richtung Gaßneralpe und Tälispitz, wo die Asphaltierung aufhört. Beim Haus „Lütsch 21" haben wir bereits eine Höhe erreicht, von der man schöne Einblicke ins Großwalsertal hat, im Hintergrund die Rote Wand. Am obersten Haus weist ein Schild zur Gaßneralpe auf Gehspuren in der Wiese. Bei einem Stall wendet der deutlich markierte Weg zu einem Jungwald. Nach einer Waldlücke am rechten Waldrand hinauf bis zur Fahrstraße. Bei einer Straßengabelung gehen wir links und finden in der Nähe eine Markierungstafel, bei der ein Fußweg rechts abgeht. Einer Holzhausruine folgt ein weiß-rot markierter

St. Gerold mit Klosterkirche.

Brunnentrog. Nach einem markierten, einzelnstehenden Bergahorn führen Farbmarkierungen auf einzelnen Steinen in der Nähe des linken Waldrandes steil zur Gaßneralpe hoch.

Übergang auf die Plansottalpe und Abstieg nach St. Gerold: Beim „Alpenheim" weist eine Tafel zur Plansottalpe, über die wir absteigen wollen. Man sieht die Wegtrasse vor sich, die über der Waldgrenze das Hölltobel waagrecht umgeht.

Diese Umrundung mit ihrem Bergpanorama und Aussicht ins Tal ist der Höhepunkt der ganzen Wanderung. Die blaue Markierung führt zur Plansottalpe. Von der Tafel an der ersten Hütte zur untersten Hütte hinunter, wo ein roter Pfeil zu einer weiß-rot-weißen Markierung am Wald zeigt. Diese führt lückenlos in die Parzelle Bünten. Von dort benützt man die Fahrstraße; Abkürzung ist erst im unteren Teil möglich. Dort führt nach einer linksdrehenden Haarnadelkurve beim Haus Nr. 55 vorbei ein Wiesenweg hangabwärts auf die Hauptstraße, auf der wir rechts das Gemeindeamt erreichen.

55 Marul — Kellaspitze, 2017 m

Markanter Felsgipfel für Geübte

Marul — Stafelfederalpe — Kellaspitze — gleicher Weg zurück

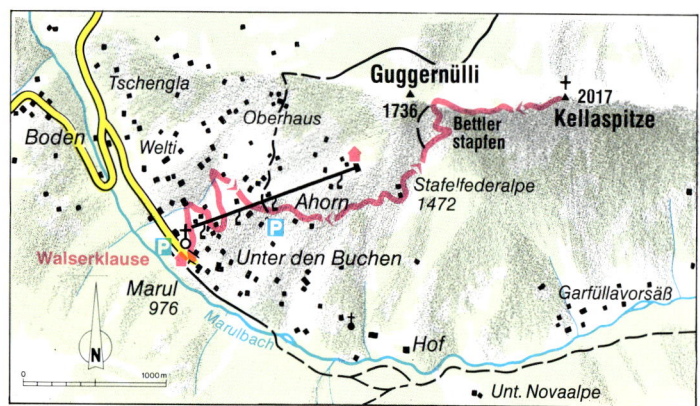

Talort: Marul im Großwalsertal.
Ausgangspunkt: Ghs. Walserklause oder Parzelle Ahorn, 1200 m. Anfahrt mit Pkw oder Bus.
Parkmöglichkeiten: Beim Ghs. Walserklause oder in der Parzelle Ahorn beim Haus Nr. 74.

Gehzeiten: Ahorn — Kellaspitze 3 Std., Abstieg 2 Std.
Anforderungen: Diese Bergtour ist nur für Geübte geeignet.
Höchster Punkt: Kellaspitze, 2017 m.
Einkehrmöglichkeiten: In Marul.
Sehenswertes: Der Blick vom Gipfel.

Stolz ragt die Kellaspitze als auffällige Felspyramide in den Himmel. Ihre Besteigung verlockt viele Wanderer.

Aufstieg: Wir fahren an der Kirche von Marul vorbei zum Ghs. Walserklause. Hinter dem Ghs. finden wir an der Straße den Wegweiser zur Stafelfederalpe und auf die Kellaspitze (rot-weiße Markierung). Die Asphaltstraße führt in Kehren hinauf; nach der vierten Kurve erreichen wir die Parzelle Ahorn, wo wir im Bereich des Hauses Nr. 74 unser Auto so parken, daß es den Verkehr nicht behindert. Hinter dem erwähnten Haus finden wir an einem Holzzaun wieder ein Schild Richtung Stafelfederalpe und Kellaspitze, dem wir folgen. Es ist nach etwa 10 Minuten auf eine Holztafel links des Güterweges zu achten. Sie weist zur Kellaspitze. Wir verlassen dort den Güterweg auf einem Pfad hangaufwärts und wandern auf die Stafelfederalpe zu. Ab einem weiteren Wegweiser zur Kellaspitze müssen wir dann auf die Gehspuren im Gras achten, die auf den Sattel zwischen Guggernülli und Kellaspitze führen.

Blick von Marul auf die Rote Wand.

Vor diesem Sattel, Bettlerstapfen genannt, sieht man am Gegenhang auf Fontanella mit einem weißen Kirchlein. Unser Weg ist dann weiter vorne mit einer Warnungstafel versehen: ,,Alpiner Steig! Nur für Geübte oder mit Führer. Trittsicherheit und Schwindelfreiheit erforderlich.''
Wer die Kellaspitze ersteigen will, wendet sich auf dem Sattel nach rechts auf den nicht zu verfehlenden, mit Latschen bestandenen, seilversicherten Grat. Beim Auf- und Abstieg ist Vorsicht geboten, für Geübte kann man den Steig jedoch als nicht schwierig bezeichnen. Wer schon viele Gipfel kennt, hat hier oben sofort den Eindruck, daß diese Rundsicht außergewöhnlich ist. Der Gipfel hat gerade die richtige Größe, um die Umgebung gewaltig erscheinen zu lassen, und bietet über alle Kämme hinweg noch sehr schöne Ausblicke in den Rätikon, die Klostertaler Alpen und die Damülser Berge.

Der Abstieg erfolgt auf dem gleichen Weg.

56 Raggal — Hoher Fraßen, 1979 m

Westlicher Aussichtspunkt der Lechtaler Alpen

Raggal — Niezkopf — Fraßenhütte — Hoher Fraßen

Talort: Raggal, 1015 m, altes Walserdorf mit Fremdenverkehrseinrichtungen im Großwalsertal.
Ausgangspunkt: Ghf. Wallis in Raggal.
Parkmöglichkeit: Beim Ghf. Wallis.
Gehzeiten: Raggal — Fraßenhütte 2½ Std., Fraßenhütte — Hoher Fraßen 1 Std., Abstieg vom Hohen Fraßen nach Raggal 2½ Std.; Gesamtgehzeit: 6 Std.

Anforderungen: Steiler Anstieg auf gut markierten Bergwegen. Höhenunterschied im Anstieg: 961 m.
Höchster Punkt: Hoher Fraßen, 1979 m.
Einkehrmöglichkeiten: Fraßenhütte (geöffnet Mai bis Oktober), Ghs. Wallis in Raggal.
Sehenswertes: Der Blick hinunter auf den Walgau und das Großwalsertal.

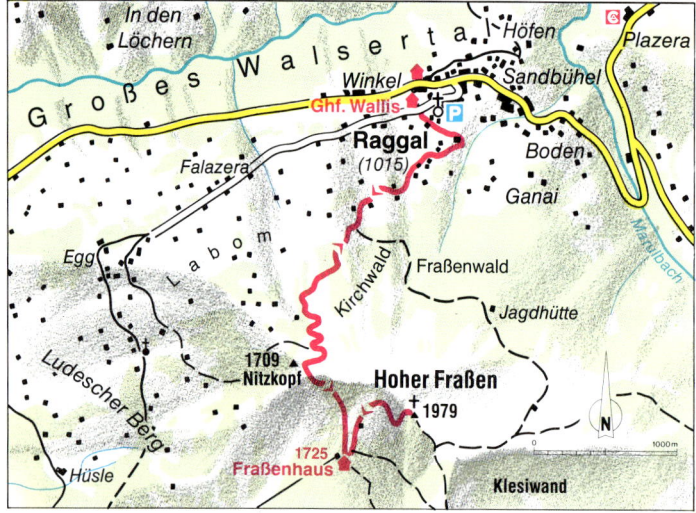

Das Besondere an dieser Tour ist ein wenig begangener Aufstieg, der im oberen Teil durch ein blumenreiches Naturschutzgebiet führt.

Aufstieg: Die Anfahrt erfolgt mit Auto oder Postauto ins Großwalsertal auf die rechts liegende Talseite nach Raggal. Nun gehen wir vom Ghf. Wallis aus vor der Kirche links einen unbezeichneten Fußweg hinauf. Wir kommen auf die Autostraße, auf der uns ein Wegweiser Richtung Niezkopf und Hoher Fraßen weist (weiß-rote Markierung). Nach ca. 5 Minuten ist auf eine beschilderte Linksabzweigung zu achten. Wir verlassen dort den Güterweg und suchen die Markierung vor dem Haus 60, die auf die Wiese führt. Nach zweimaliger Überquerung eines Güterweges führt unser Weg bei einem Schild in den Wald. Bei der nächsten Überquerung trennt sich der Aufstiegsweg. Wir gehen rechts der rot-weiß-roten Markierung nach. Eine Stunde steigen wir dann durch alten Bergwald auf. Etwas unter der Waldgrenze ist bei einer Abzweigung darauf zu achten, daß man die Markierung nicht verliert. Auf dem folgenden Kamm betreten wir das Naturschutzgebiet Hoher Fraßen. Bereits hier werden wir für den Anstieg reich belohnt: Ein paar Schritte rechts zu einem Aussichtspunkt bei einer Wettertanne finden wir ein Bild von seltener Schönheit.

Unser nächstes Ziel, die neue Fraßenhütte, sehen wir von hier etwa auf gleicher Höhe liegen. Nach einer Rast in diesem gemütlichen Haus können wir noch in 1 Stunde Aufstieg den Hohen Fraßen besteigen. Auf drei Seiten sind wir von Tälern umringt.

Der Abstieg erfolgt auf dem gleichen Weg.

Raggal, im Hintergrund die Rote Wand.

57 Löffelspitz, 1962 m

Auf den zweithöchsten Gipfel des Walserkammes

Blons — Hüggenalpe — Sentumalpe — Löffelspitz

Talort: Blons, 903 m, kleine Bergbauerngemeinde im Großwalsertal.
Ausgangspunkt: Abzweigung zur Sentumalpe (siehe Karte).
Parkmöglichkeit: Bei der Abzweigung zur Sentumalpe.
Gehzeiten: Haltestelle Esch — Abzweigung Hüggenalpe-Sentumalpe 2 Std., Hüggenalpe — Löffelspitz 2 Std., Abstieg Löffelspitz — Hüggenalpe 1½ Std., Hüggenalpe — Bushaltestelle 1½ Std.; Gesamtgehzeit: 7 Std.

Anforderungen: Auf langen Güterwegen bis zur Sentumalpe, oben auf Alpwiesen zum Gipfel, teilweise ohne Markierung.
Beste Jahreszeit: Mitte Juni bis Ende September. Höhenunterschied im Anstieg: 1059 m.
Höchster Punkt: Löffelspitz, 1962 m.
Einkehrmöglichkeiten: Keine.
Sehenswertes: Die Alphütten der Walser Alpen, wo die Familie die Alpzeit verbrachte. Der weitum freistehende Löffelspitz.

Blons gegen das Rätikon.

Dies ist der kürzeste und einfachste Aufstieg auf den markanten Gipfel des Walserkammes. Wir lernen dabei ein Gebiet kennen, in dem die Bauern bis in die höchsten Lagen hinauf Viehwirtschaft betreiben. Eine Lawinenkatastrophe griff 1954 hart in die Entwicklung ein. Jetzt sieht man Aufforstungen und Lawinenverbauungen.

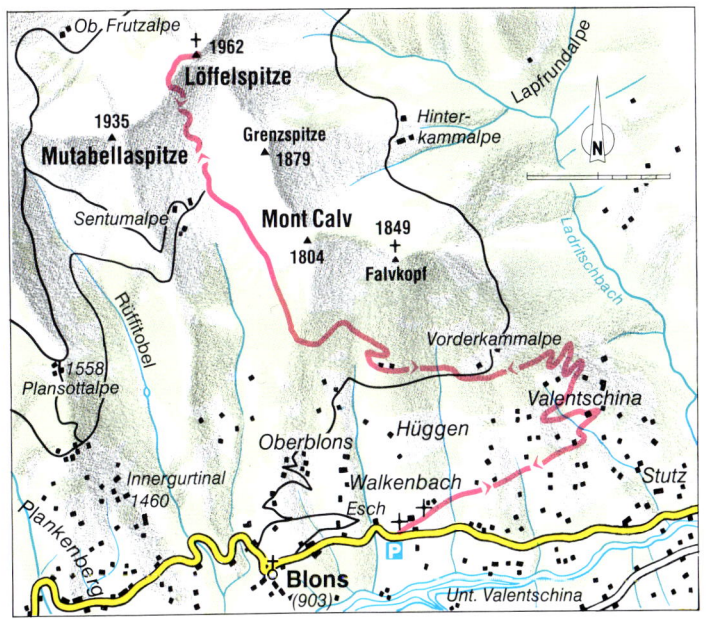

Aufstieg von Blons oder der Abzweigung zur Sentumalpe: Wir fahren mit dem Auto oder Postauto bis Blons und suchen etwa 1 km nach der Kirche bei der Postautohaltestelle Esch eine links abzweigende Autostraße. Etwa 20 m weiter steht eine Mauttafel. Wir fahren mit dem Auto oder gehen in zwei Stunden zu Fuß hinauf. Eine Schotterstraße führt bis zu einer Abzweigung, wo wir geradeaus Richtung Hüggen- und Sentumalpe fahren können (Tafel). Nun müssen wir auf eine Stelle achten, wo rechts vor einer scharfen Kurve eine Jagdhütte und nahe dahinter eine zweite Hütte steht. Wir fahren dort nicht in die Kurve, sondern gehen am besten zu Fuß auf einem unscheinbaren Güterweg geradeaus weiter. Wir steigen den Weidehang hinauf und kommen auf den Alpweg zur Sentumalpe. Die Aufstiegsrichtung zum Löffelspitz ist an der Hüttenwand bezeichnet. Man sieht den Gipfel mit dem Kreuz vor sich. Zuerst auf einem Alpweg, dann weglos über die Weide in Richtung Gipfelkreuz. Im ersten Drittel sehen wir Wegspuren, die nach links auf einen Sattel führen. Von einer Mulde unter dem Gipfel führt rechter Hand ein ausgetretener Pfad auf den Gipfel.

Der Abstieg erfolgt auf dem gleichen Weg.

58 Zaferhorn, 2107 m

Aussichtsgipfel zwischen Bregenzerwald und Großwalsertal

Faschina — Gumpener Höhe — Gumpengrätle — Furka — Zaferhorn — Brüche — Waldalpe — Faschina

Talort: Sonntag, 888 m, oder Damüls, 1431 m.

Ausgangspunkt: In Faschina, 100 m nach dem Hotel Faschina in Richtung Damüls.

Parkmöglichkeit: Nähe Ausgangspunkt.

Gehzeiten: Faschina — Zaferhorn 3 Std., Zaferhorn — Brüche — Faschina 2 Std.

Anforderungen: Unschwierige, lange, aber abwechslungsreiche Wanderung. Beste Jahreszeit: Ende Juni bis Ende September.

Höchster Punkt: Zaferhorn, 2017 m.

Einkehrmöglichkeiten: Nur in Faschina.

Sehenswertes: Ausblicke nach allen Seiten, besonders beeindruckend der Zitterklapfenstock, die Rote Wand und der Tiefblick ins Großwalsertal.

Diese Runde führt im wesentlichen über Alpwege um das markante Zaferhorn herum. Dabei wechseln kleine Auf- und Abstiege, wobei man immer wieder neue Abschnitte dieses noch abgelegenen Alpgebietes kennenlernt.

Die erste Hälfte mit Aufstieg beginnt bei der Tafel „Zaferaweg gelb-blau". Am Beginn des Rundweges bietet sich ein umfassender Blick auf das ganze Damülser Erholungs- und Skigebiet mit seinen Fremdenverkehrsbauten und dem alten Walserkirchlein als Mittelpunkt. Nach einem Aufstieg von 300 m erreichen wir die Gumpener Höhe, 1830 m (Tafel), wo uns der Anblick des gewaltigen Zitterklapfenstockes überrascht. Der steil und auffällig aus dem Kamm ragende Felszahn ist das Gräshorn. Rechter Hand erblicken wir bereits den Gipfel des Zaferhorns mit dem Gipfelkreuz. Die hier links abgehende Markierung zeigt uns nur einen besseren Weg an und führt auch in den rechts gut sichtbaren Weg, der den Schattenhang unter dem Zaferhorn quert. Die gelb-blaue Markierung ist lückenlos und gut sichtbar. Auf dem betafelten Gumpengrätle, 1900 m, öffnet sich wieder ein neuer Blick auf die

Faschina mit Blick zur Roten Wand.

Rote Wand. Wir verfolgen den Weg in die Mulde. Beim nächsten Kamm, der Furka, 1900 m (Tafel), zweigen wir rechts auf das Zaferhorn ab (rote Markierung). Der Aufstieg ist sehr lohnend, und man kommt beim Abstieg wieder auf die Furka zurück. Auf dem Zaferhorngipfel hat man einen weitreichenden Rundblick, besonders der Blick auf das Großwalsertal ist von hier aus interessant.

Abstieg und Rückweg: Nach dem Abstecher auf den Gipfel weist die Tafel auf der „Furka" nach Brüche und Fontanella (gelb-blau). Der Weg dorthin führt über gut gepflegte Alpenmatten mit Heustadeln. Beim Brüche-Vorsäß findet man die rechts weisende Tafel „Obere Waldalpe, 20 Minuten, Faschina, 1 Stunde", gelb-blau. Dieser gute Fußpfad führt fast eben bis zu unserem Ausgangspunkt zurück.

59 Blasenka, 2010 m

Einsamer Gipfel auf dem Zitterklapfengrat

Faschina — Brüchealpe — Bärenalpe — Blasenka

Talorte: Sonntag, 888 m; Damüls, 1428 m.
Ausgangspunkt: Abzweigung 500 m hinter Faschina Richtung Sonntag.
Parkmöglichkeit: Beim Ausgangspunkt oder in Faschina.
Gehzeiten: Faschina — Blasenka 3 Std., Blasenka — Faschina 2¼ Std.
Anforderungen: Gut markierter Bergweg

mit steilen Stellen. Höhenunterschied im Anstieg: 610 m.
Höchster Punkt: Blasenka, 2010 m.
Einkehrmöglichkeiten: In Faschina.
Sehenswertes: Die Enzianwiesen bei der Bärenalpe, der Blick hinunter auf die verstreuten Walsersiedlungen, die bis über die Baumgrenze hinauf reichen.

Auf einem abwechslungsreichen Höhenweg mit meist freier Sicht erschließt sich ein stilles Berggebiet.

Der Aufstieg beginnt 500 m vor Faschina unterhalb vom Café Alpenhof bei einem Stall, wo wir eine kleine Wegtafel an der Straße finden. Dort auf einem Güterweg Richtung Blasenka; es folgt ein blau-gelb markierter Fußweg. Schon das erste Wegstück mit Bänken bis zur Oberen Waldalpe ist einen Spaziergang wert, so schön ist die Aussicht auf die Rote Wand und die Berge des Großwalsertales. Bei der Brüchealpe treffen wir auf den gelb-rot markierten Blasenkaweg. Wo bei der Seilbahnstütze zwei Wege sich trennen, müssen wir den rechts abzweigenden Weg einschlagen. Nach der Schneeschmelze sind hier die Wiesen mit Enzian übersät. Rechts sieht man auf den Seewaldsee hinab, und im Halbkreis vor uns steigen die Gipfel bis auf 2500 m. Der Weg über die Bärenalpe ist nicht zu verfehlen. Vom vorgeschobenen Aussichtspunkt mit Gipfelkreuz überblickt man die Siedlungen der Walser. Hunderte von Höfen und Alpen an den steilen Berghängen geben dem Tal das eigene Gepräge. Die Siedlungsform der vor 500 Jahren aus dem Schweizer Kanton Wallis eingewanderten Bergbauern ist der Einzelhof inmitten seines Grundbesitzes. Haus und Stall sind oft getrennt an den Steilhang gebaut.

Der Abstieg erfolgt auf dem gleichen Weg. Zum Abschluß des schönen Tages kann eine Einkehr im gepflegten Fremdenverkehrsort Faschina wärmstens empfohlen werden.

Sonntag mit hinterem Großwalsertal.

60 Glatthorn (Damülser Horn), 2134 m

Auf einen die ganze Umgebung überragenden Aussichtsberg

Faschina — Lift-Bergstation — Glatthorn — über Staffelalpe zurück

Talorte: Sonntag, 888 m, oder Damüls, 1428 m; durch die neue Faschina-Straße ist die Anfahrt von beiden Seiten möglich.
Ausgangspunkt: Bei der Talstation des Sesselliftes in Faschina.
Parkmöglichkeit: In Faschina.
Gehzeiten: Aufstieg Faschina — Bergstation des Sesselliftes 1 Std., Bergstation — Glatthorn 1½ Std., Abstieg Glatthorn — Faschina über Staffelalpe 1¾ Std. Gesamtgehzeit: 4¼ Std.

Anforderungen: Abstieg auf steilem, gesichertem Erdsteig, auf den Grashängen ist unbedingt auf die Markierung zu achten. Beste Jahreszeit: Ende Juni bis Ende September.
Höchster Punkt: Glatthorn, 2134 m.
Höhenunterschied im Anstieg: 648 m.
Einkehrmöglichkeiten:
Franz-Josef-Hütte, Hotel Faschina.
Sehenswertes: Der Rundblick vom freistehenden Gipfel in den Rätikon und bis zu den Silvrettagletschern.

Durch die neue Straßenverbindung ist der markante Gipfel des Glatthorns sowohl vom Bregenzerwald als auch vom Großwalsertal gut zu erreichen. Es wird der Stolz von manchem Ausflügler sein, diesen hohen Gipfel zu besteigen.

Der Aufstieg: Wir fahren mit der Sesselbahn bis zur Höhe 1777 m (im Sommer ab 9 Uhr). Wer zu Fuß in einer Stunde aufsteigen will, benützt den bei der Talstation beginnenden weiß-blau markierten Weg, der im Bereich des Lifts hochführt. Dabei ist zu achten, daß man nicht rechts in einen Alpweg

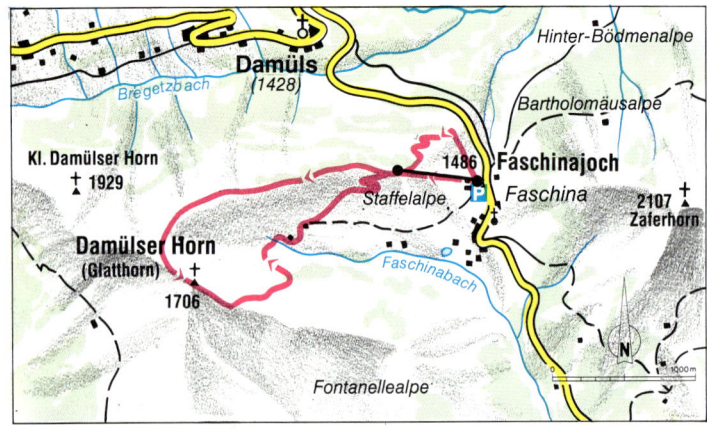

Faschina mit Glatthorn.

abzweigt, der im Gelände endet. Von der Bergstation führt ein mit Bänken versehener, rot-blau markierter Fußweg auf den von weitem sichtbaren gewaltigen Gipfel des Glatthorns. Wir wandern auf einem Kamm, von dem man rechts direkt nach Damüls mit seinen verstreuten Höfen hinabsieht. Links liegt das Großwalsertal, im Hintergrund die Rote Wand. Die Rundsicht vom Gipfel ist im Süden von den Rätikongipfeln geprägt. Links davon, am fernen Horizont, sieht man die Gletscherfelder der Silvretta. Nachbarberge sind das Zaferhorn und die Damülser Mittagspitze.

Der Abstieg erfolgt nach der Gipfelüberquerung auf einem drahtseilgesicherten, steilen Erdpfad. Bei der ersten Linksabzweigung nach dem Gipfelabstieg gehen wir links nach Faschina. Geradeaus geht es nach Fontanella. Der Weg ist weiter unten rot-blau markiert. Nach mehr als dem halben Weg können wir auf der Franz-Josef-Hütte den Durst löschen. Direkt von dieser Hütte führt ein schwach zu sehender Weg den Hang hinab auf den markierten Fußweg. Bei der unteren Staffelalpe sieht man die weiterführende Markierung an der Seilbahnstation, man folgt dieser und kommt so direkt zurück zum Ausgangspunkt.

61 Buchboden — Gadenalpe, 1317 m

Wanderung in ein stilles Tal

Buchboden — Bad Rotenbrunnen — Gadenalpe

Talort: Buchboden, 910 m, Erholungsdorf im hintersten Großwalsertal.
Ausgangspunkt: Parkplatz vor Bad Rotenbrunnen.
Parkmöglichkeit: Parkplatz.
Gehzeiten: Ausgangspunkt — Gadenalpe 2 Std., Rückweg 1¾ Std.

Anforderungen: Gute Alpenwege.
Höchster Punkt: Gadenalpe, 1317 m.
Einkehrmöglichkeit: Bad Rotenbrunnen.
Sehenswertes: Das naturbelassene, geschützte Gebiet, die wilde, blumenreiche Berglandschaft, eine Brotzeit auf den Alphütten.

Schon das kleine Örtchen Buchboden strahlt in seiner Abgeschiedenheit im hintersten Winkel des Tales heimelige Ruhe aus. Dieser Spaziergang in ein bergumrahmtes Seitental soll der Erholung und dem Naturgenuß dienen.

Großwalsertal.

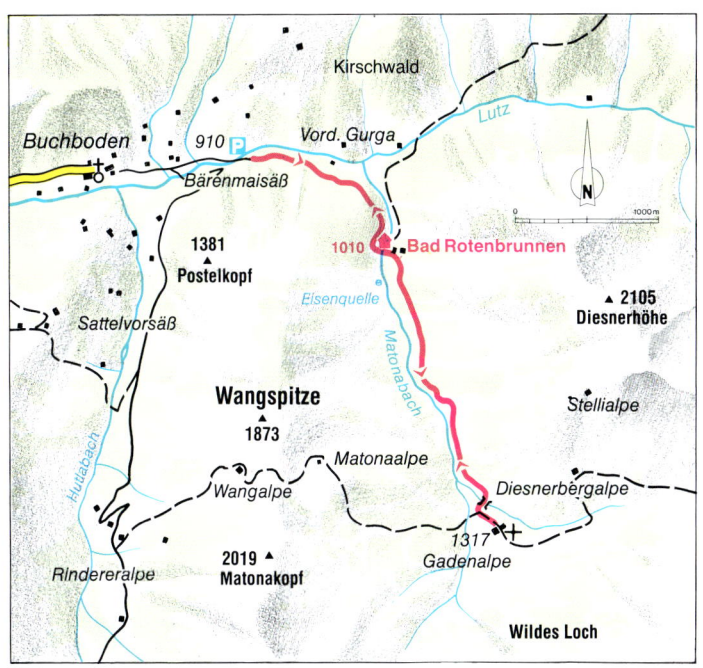

Aufstieg zur Gadenalpe: Wir fahren mit dem Postauto bis zur Kirche Buchboden oder mit dem Auto an der Kirche vorbei in der angezeigten Richtung Bad Rotenbrunnen zum Parkplatz beim Café Jäger. Ein Asphaltsträßchen führt taleinwärts zur Lutz hinab. Bei der Abzweigung folgen wir dem Wegweiser Richtung Rotenbrunnen, Gadenalpe und Matonaalpe geradeaus. In diesem Talende des Großwalsertals erleben wir eine wilde Berglandschaft mit vielen Blumen. Nach einem Waldweg öffnet sich das Tal vor Bad Rotenbrunnen. Links blicken wir in die steilen Felskare der Diesner Höhe, und die rechte Seite zieht sich zur Wangspitze hoch. Nach einer Einkehr im gemütlichen Bad Rotenbrunnen taleinwärts zur Gadenalpe (rot-weiße Markierung). Der Weg führt an einem breiten Wasserfall vorbei. Im Talhintergrund der Gipfel des Misthaufens, 2436 m. Eine hohe Felswand schließt bei der Gadenalpe das Tal im Halbkreis ab. Bei den Alphütten gibt es Milch und Butterbrot, bewirtschaftet ab 20. Juni und im Herbst je drei Wochen.

Abstieg: Wir kehren auf dem gleichen Weg zurück.

62 Wangspitze, 1873 m

Rundwanderung im hintersten Walsertal

Buchboden — Rindereralpe — Wangalpe — Wangspitze — Matonaalpe — Gadenalpe — Bad Rotenbrunnen — Buchboden

Talort: Buchboden, 910 m, letzte Ortschaft im Großwalsertal.
Ausgangspunkt: Kirche Buchboden.
Parkmöglichkeit: Bei der Kirche.
Gehzeiten: Buchboden — Wangspitze 3½ Std., Wangspitze — Bad Rotenbrunnen 2 Std., Bad Rotenbrunnen — Buchboden ½ Std.; Gesamtgehzeit: 6 Std.

Anforderungen: 6 Std. Gehzeit auf teils steilen Bergpfaden. Beste Jahreszeit: Ende Juni bis Anfang September.
Höchster Punkt: Wangspitze, 1873 m.
Einkehrmöglichkeit: Bad Rotenbrunnen.
Sehenswertes: Die Gipfelwelt im einsamen Talschluß, beeindruckender Blick über das Hutlatal.

Schon das kleine Örtchen Buchboden liegt in einer Sackgasse ohne Durchgangsverkehr. Unsere Wanderung führt von dort in ein Gebiet, das außer von Älplern und Jägern kaum besucht wird. Der Übergang zwischen zwei Tälern vermittelt Einblicke in eine Landschaft von wildromantischer Schönheit.

Aufstieg auf die Wangspitze: Am Café Jäger rechts vorbei führt eine schmale Straße bis zu einer Rechtsabzweigung mit Wegweiser zur Hutlaalpe und Rindereralpe. Unmittelbar nach der Brücke über die Lutz zweigt ein Traktorenweg rechts ab. Nach 100 m am Fluß entlang folgt bei einem Geröllrutsch links eine weiß-rot-weiße Markierung, bei der ein leicht zu übersehender Weg links abzweigt. Dieser markierte Weg führt 2½ km am Hutlabach entlang leicht steigend zur Rindereralpe. Nach einem Steg und der Einmündung eines Güterweges steigen wir weiter den Fluß entlang aufwärts. Etwa 600 m weiter zweigt links ein undeutlicher Weg von der Güterstraße ab, und nach 20 Schritten sieht man eine rot-gelbe Markierung an einer Buche. Nach stegloser Überschreitung eines kleinen Seitenbaches führt der locker markierte Weg weiter. Er ist am besten an den abgenützten Wurzeln als alter Alpweg zu erkennen und mündet auf den neuen Güterweg, der zur ersten Hütte der Rindereralpe führt, auf die wir rechts abzweigen. An dieser Hütte weist eine rot-gelbe Markierung auf den Wiesenweg. Eine Wegtafel an der oberen Hütte der Rindereralpe zeigt auf die rot-weiße Markierung Richtung Wangalpe, Matonaalpe, Gadenalpe und Rotenbrunnen. Dies entspricht unserer Route. Das Ziel ist als grüne Kuppe an der linken Begrenzung des Gebirgskammes vor uns zu erkennen. Ein steiler, aber guter Pfad windet sich zu der von Schafen beweideten Wangalpe hinauf. Die Gegend ist landschaftlich durch den Überblick ins Hutlatal, durch Steilwände und mannigfaltige Gipfel interessant. Das ganze Gebiet steht unter Naturschutz.

Ab der Wangalpe verfolgen wir die weiß-rote Markierung, die nach einem Bogen des Weges rechts steil aufwärts weglos vom Pfad abzweigt (Ach-

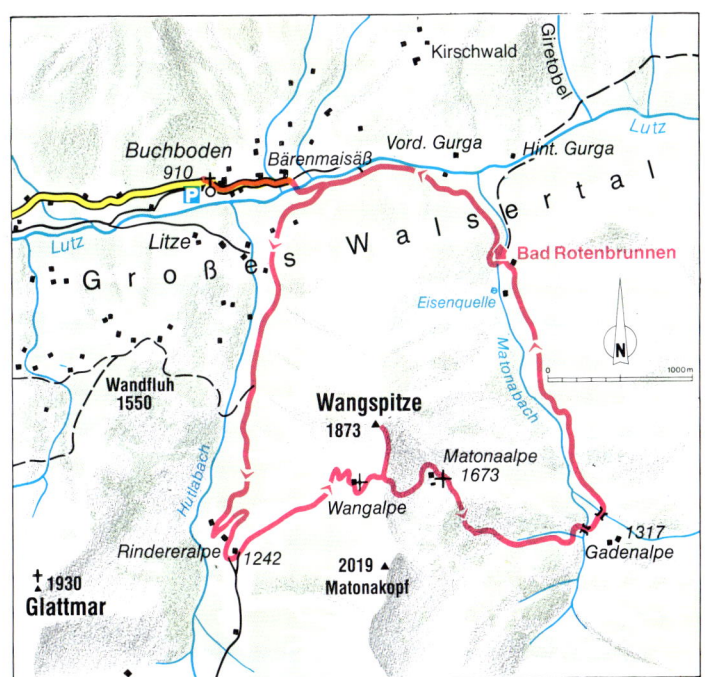

tung: nicht geradeaus gehen!). Sie führt auf einen Sattel, von dem wir dann geradeausgehend absteigen werden. Vorher jedoch führt ein lohnender Abstecher den Grat entlang auf die nahe Wangspitze. Vom Gipfel sieht man in die auffallende Ödfläche des riesigen, von Gipfeln umstandenen Diesner Gschröfs, welches in das Tal von Rotenbrunnen abfällt. Im Talende des Großwalsertales kann man die Biberacher Hütte erkennen, links von der sich die Künzelspitze erhebt.

Vom Vermessungszeichen blickt man aus der Vogelperspektive auf Buchboden, Fontanella und Sonntag hinab.

Unser Abstieg führt nun vom Gipfel auf den Sattel, den wir beim Aufstieg erwähnt haben. Von dort einer gelb-roten Markierung nach direkt zu den zwei Alphütten der Matonaalpe hinab. Einer auf Sichtweite angebrachten Markierung folgend gelangen wir zu Tal. Der Bach wird auf einem Steg überquert. Als willkommene Raststätte erwartet uns das Ghs. Bad Rotenbrunnen, von wo auf einem Güterweg Buchboden erreicht wird.

63 Sonntag — Steinbild — Lutz-Uferweg

Höhenwanderung auf Walser Alpgebiet

Sonntag — Stein-Seilbahn — Stein — Hinteres Steinbild — Hutlabach — Buchboden — Lutz — Sonntag

Talort: Sonntag, 888 m, auf einem Riesengebiet zerstreute Siedlung der Walser Bergbauern.
Ausgangspunkt: Talstation der Stein-Seilbahn.
Parkmöglichkeit: Parkplatz bei der Stein-Seilbahn.
Gehzeiten: Stein — Buchboden 2 Std., Buchboden — Sonntag 1¼ Std.

Anforderungen: Leichte Wanderung.
Höchster Punkt: Hinteres Steinbild, 1350 m.
Einkehrmöglichkeit: Ghf. Kreuz in Buchboden.
Sehenswertes: Gemälde der Walser Einwanderung im Jahre 1400 im Ghf. Kreuz in Buchboden, das Bergkirchlein in Buchboden.

Diese Wanderung wurde von einem Kenner des Tales als die schönste bezeichnet. Auf einer Höhenterrasse mit alten Berggütern wandern wir hoch über dem Talboden zum Hinteren Steinbild und zum Hutlabach, von dem wir nach Buchboden aufsteigen. Der Rückweg am Hutlabach entlang bringt uns in das Reich der Forellenfischer.

Höhenwanderung nach Buchboden: Schon die Fahrt mit der Gondelbahn hoch über der Lutz vermittelt ein schönes Bild des Großwalsertales mit seinen einzelnstehenden Höfen auf den steilen und oft entlegenen Berghängen. Vom Ghs. Wiesa gehen wir unter dem Seil des Schleppliftes durch auf ein Haus mit angebautem gleich großem Stall zu (weiß-rot-weiße Markierung). Ein herrlicher Höhenweg mit freier Sicht auf das gipfelumrahmte hintere Walsertal führt uns nun fast auf gleicher Höhe bleibend an alten Höfen und Hütten vorbei bis zum Beginn eines Seitentales. Vor dem Hutlatal beim

Sonntag von Stein aus.

Wegweiser nach Steinbild und Buchboden erleben wir einen landschaftlichen Höhepunkt unserer Wanderung. Wildromantische Felswände ragen aus der Tiefe des Tales empor.

Bei der ersten Hütte der Vorsäßsiedlung Hinteres Steinbild ist auf die Markierung an der rechten Hütte zu achten. Sie ist immer auf Sichtweite angebracht und führt uns die steile Talflanke hinab bis zum Hutlabach, den wir auf einem Behelfssteg überqueren. An der rechten Talseite wandern wir auf einem Schottersträßchen talauswärts und sehen bald auf das liebliche Hochalpendorf Buchboden.

Unser Weg nach Sonntag geht, um die Straße zu meiden, vom Ghs. Kreuz in Buchboden zur Lutz hinab, wo wir am idyllischen Flußbett entlang auf gut markiertem Weg bis unter das Kirchdorf von Sonntag hinauswandern wollen. In Buchboden finden wir die Abzweigung rechts vom Ghs. Kreuz wo ein Wegweiser nach Seeberg (blau-weiße Markierung) die Richtung angibt. Wir gehen den Weg hinunter und kommen auf den Lutz-Uferweg, welcher der Lutz entlang bis nach Sonntag führt. Eine Abzweigungstafel nach Seeberg hinauf ist für uns ohne Bedeutung. In Sonntag steigen wir auf einem Sträßchen zum Ort hinauf und gehen wenige Minuten zum Parkplatz bei der Seilbahn.

64 Wandfluh, 1550 m
Wanderung im Gebiet der Bergbauern

Sonntag — Stein-Seilbahn — Unterpartnomalpe — Wandfluh — und zurück

Talort: Sonntag, 888 m, Streusiedlung mit Ortskern bei der Kirche.
Ausgangspunkt: Talstation der Stein-Seilbahn.
Parkmöglichkeit: Stein-Seilbahn.
Gehzeiten: Bergstation — Hinteres Steinbild — Unterpartnomalpe 1½ Std., Unterpartnomalpe — Wandfluh ½ Std., Wandfluh — Bergstation 1 Std.

Anforderungen: Leichte Wanderung für die ganze Familie.
Höchster Punkt: Wandfluh, 1550 m.
Einkehrmöglichkeiten: Wandfluhhütte auf der Unterpartnomalpe, Ghs. Wiesa in Stein, Bergstation der Seilbahn.
Sehenswertes: Der Blick von der Wandfluh, die Sennerei in Partnom, das Heimatmuseum in Sonntag.

Um diese Wanderung abwechslungsreich zu gestalten, gehen wir zuerst auf einer Höhenstufe nach Steinbild, um dann im Bogen über die Wandfluh abzusteigen.

Aufstieg über die Unterpartnomalpe zur Wandfluh: Die Anfahrt erfolgt nach Sonntag zur Stein-Seilbahn, mit der wir nach Stein fahren (auch Bushaltestelle). Bei der Bergstation weist ein Schild zur Wandhütte. Wir gehen am Ghs. Wiesa vorbei und folgen dem Wegweiser Richtung Steinbild und Partnomalpe. Schon nach 5 Minuten kommt eine Abzweigung. Wir gehen dort im ebenen Gelände geradeaus. Nach einem landschaftlich überaus schö-

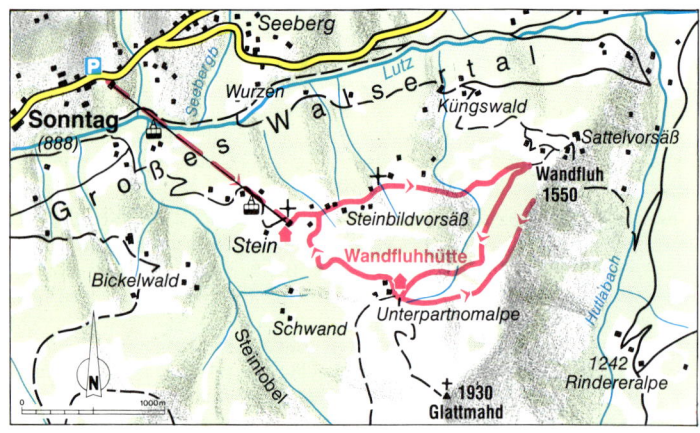

Blick von Sonntag gegen Stein.

nen Spaziergang kommen wir nach einem kurzen Waldstück zur steilen Felswand der Wandfluh. Nach dem Wald weist eine Tafel rechts zur Partnomalpe, der wir folgen. Der Weg ist weiß-rot-weiß markiert. In einem Bachbett zweigt er rechts ab. Die Unterpartnomalpe ist noch traditionell bewirtschaftet: Die gesamte Milch wird zu Bergkäse verarbeitet. Es gibt dort die bewirtschaftete Wandfluhhütte, von der ein Schild zur Wandfluh weist.

Ein rot-weiß markierter Güterweg, von dem dann ein markierter Fußweg links abzweigt, führt auf diese Aussichtskanzel. Vom dortigen Vermessungszeichen überblickt man das Großwalsertal aus der Vogelperspektive. Direkt unter uns liegt Buchboden, 1500 m, darüber der Gipfel des Zitterklapfens. Uns zu Füßen führt das Hutlatal in die Richtung der mächtigen Roten Wand am Talende.

Für den Rückweg benützen wir den gleichen Weg bis zur Wandfluhhütte. Von dort führt ein rot-weiß markierter Weg zur Bergstation der Seilbahn hinab. Sehr interessant und lehrreich ist noch ein Besuch des Heimatmuseums in Sonntag (Öffnungszeiten erfragen).

65 Sonntag — Fontanella

Besuch von zwei Walserdörfern

Aufstieg von Sonntag nach Fontanella

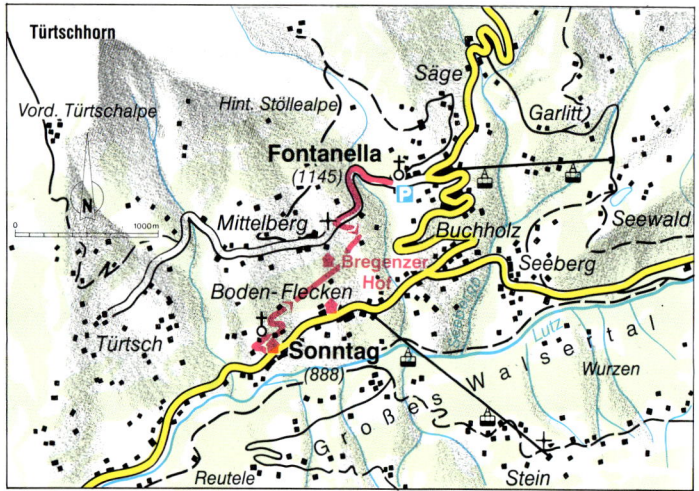

Talort: Sonntag, 888 m, Walserdorf an der neuen Route in den Bregenzerwald.
Ausgangspunkt: Kirche Sonntag.
Parkmöglichkeit: Hinter der Kirche.
Gehzeiten: Aufstieg 1 Std., Abstieg ¾ Std.
Anforderungen: Unschwieriger Aufstieg auf Wegen und Weiden.
Höchster Punkt: Fontanella, 1145 m.
Einkehrmöglichkeiten: Mehrere gute Gaststätten in beiden Feriendörfern.
Sehenswertes: Das Heimatmuseum in Sonntag und die gepflegte Landschaft im ganzen Gebiet.

Wir haben uns einen stillen Wanderweg zwischen zwei Bergdörfern ausgesucht, der abseits vom Verkehr einen Eindruck vom Leben der Bergbauern vermittelt.

Aufstieg nach Fontanella: Ein Fußweg führt auf den am Ausgangspunkt oberhalb vorbeiführenden Güterweg, dem wir bis zum Haus Nr. 12 folgen. Dort rechts auf den oberen Kirchweg. Schon von den dortigen Bänken aus kann man die Landschaft auf sich wirken lassen. Vor über 500 Jahren haben die eingewanderten Walser Bauern diese Anhöhen gerodet und besiedelt. Heute noch beeindrucken diese kleinen Einzelhöfe, auf denen meist große Familien lebten. Immer noch hat diese Landschaft für den Wanderer den besonderen Reiz der Stille und Abgeschiedenheit.

Weiter oben auf der Asphaltstraße bis zum Bregenzer Hof. Dort geradeaus auf einem Schotterweg hinauf. Dieser Weg ist teilweise rot-weiß markiert. Vom Haus Nr. 6 gehen wir an der Brunnenstube vorbei und sehen am übernächsten Strommast die Markierung. Wir erreichen die Parzelle Mittelberg; von dort auf der Asphaltstraße nach Fontanella.

Abstieg nach Sonntag: Wir gehen auf dem gleichen Weg zurück und müssen in Mittelberg die richtige Stelle suchen, auf der wir durch einen Zaundurchlaß in der Wiese abzweigen (rot-weiß markierter Baum). Später ist bei der Tafel „Oberer Kirchweg" auf die rot-weiß markierte Abzweigung zu achten.

Bergdorf Fontanella.

66 Glattmahd, 1930 m

Einsamer Aussichtsgipfel in großartiger Umgebung

Sonntag — Stein — Unterpartnomalpe — Glattmahd

Talort: Sonntag, 888 m, im Großwalsertal.
Ausgangspunkt: Talstation der Stein-Seilbahn.
Parkmöglichkeit: Parkplatz bei der Stein-Seilbahn.
Gehzeiten: Aufstieg Stein — Glattmahd 2½ Std., Abstieg 2 Std.
Anforderungen: Die Wegfindung auf wenig begangenen Berghängen ist nicht ganz einfach. Beste Jahreszeit: Anfang Juli bis Anfang September. Höhenunterschied im Anstieg: 750 m.
Höchster Punkt: Glattmahd, 1930 m.
Einkehrmöglichkeiten: Bergbahn-Jausenstube, Ghs. Wiesa, Wandfluhhütte.
Sehenswertes: Die Bergkulisse der Umgebung.

Schon bei der Fahrt mit der Kabinenbahn fällt uns in Richtung der Bergstation ein Berg auf, der zu einer Besteigung verlockt. Diese Tour führt uns in ein ganz abgelegenes Naturgebiet.

Aufstieg: Eine kleine Gondel führt uns zur Bergstation mit Imbißstube. Wir gehen dort am Ghs. Wiesa vorbei. 100 m nach einem Holzhaus folgen wir rechts dem Wegweiser zur Partnomalpe (weiß-rote Markierung). Schon auf

Blick vom Glattmahd gegen Fontanella und Faschina.

142

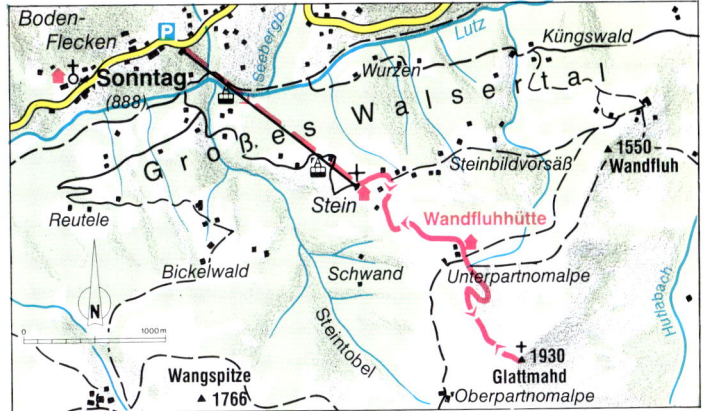

diesem Weg haben wir einen Überblick auf die Sonnenseite des Großwalsertales. Bis an die Felsregion hinauf liegen grüne Matten mit Einzelhöfen verstreut. Das gipfelumsäumte Tal hat eine ganz besondere Eigenart: Eine Friedlichkeit und Ruhe wie sonst kaum im Land ist hier noch zu finden. Von der Bergstation des im Sommer ruhenden Schleppliftes sieht man unser Ziel mit seinem Gipfelkreuz direkt vor uns. Wir steigen nun in einem leichten Rechtsbogen zum Gipfel auf.

Von der Umlaufrolle des Schleppliftes folgen wir einem Alpweg rechts. Nun bitte auf die Beschreibung achten: Nach ca. 100 m kommt ein Weidezaun. Dort verlassen wir den Güterweg nach links; am Zaun auf der rechten Seite entlang steil und weglos hinauf. Zuerst auf Kuhwegen, dann im Wald und später auf dem Kamm bleibend treffen wir auf eine rot-weiße Markierung, der wir folgen. Etwa 100 m unter dem Gipfel sieht man auf dem Grat einen kleinen Waldbestand. Wir finden die rot-weiße Markierung links an einem Weidezaun. Ein markierter und ausgetretener Pfad zieht sich auf dem Kamm steil hinauf.

Vom Gipfel aus erleben wir einen besonders beeindruckenden Rundblick: Bekannte Gipfel, die uns überragen, liegen zum Greifen nah. Dazu gehören die gewaltige Rote Wand, Widderstein und Künzelspitze, Zitterklapfen und Damülser Mittagspitze. Im Süden sind die Drei Türme und die Zimba zu sehen.

Abstieg: Zum Rückweg wählen wir den gleichen Weg. Es ist aber auch möglich, vor dem Waldstück rechts eine Markierung zur bewirtschafteten Wandfluhhütte, die man von weitem erkennt, zu suchen und von dort zur Stein-Seilbahn zu gelangen.

67 Thüringen — Schnifis

Wanderung auf einer Höhenterrasse

Thüringen — Schnifis — Montiolaweiher — Thüringen

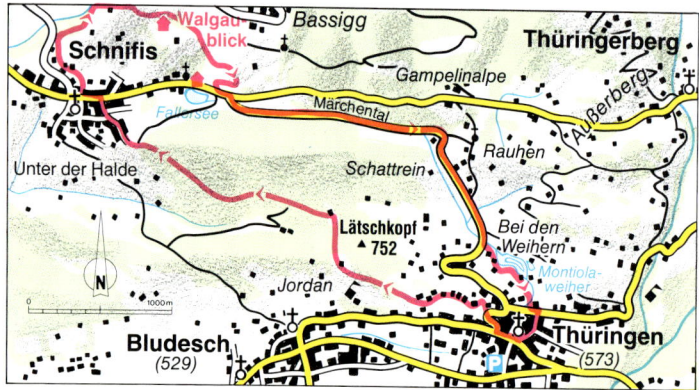

Talort: Thüringen, 573 m, am Beginn des Großwalsertals.
Ausgangspunkt: Ghs. Sonne in Thüringen.
Parkmöglichkeit: Beim Ghs. Sonne.
Gehzeiten: Thüringen — Schnifis 1 Std., Schnifis — Ghs. Walgaublick — Montiolaweiher — Thüringen 2 Std.

Anforderungen: Leichte Familienwanderung.
Höchster Punkt: Ghs. Walgaublick, 800 m.
Einkehrmöglichkeiten: Gasthäuser in Thüringen und Schnifis.
Sehenswertes: Die Montiolaweiher, der Wasserfall hinter den Weihern.

Auf einer Höhenterrasse wandern wir nach Schnifis. Am Rückweg über das Märchental liegen der Fallersee und die Montiolaweiher.

Von Thüringen nach Schnifis: Wir fahren mit dem Pkw oder Postauto nach Thüringen zum Ghs. Sonne. Dort auf der Straße nach Thüringerberg hinauf. In der dritten Kurve zweigen wir nach Schnifis ab. Ein auf Sichtweite weiß-blau-weiß markiertes Sträßchen führt auf einer aussichtsreichen Terrasse 100 m über dem Tal zu einer Linksabzweigung. Wir folgen dort weiter der Markierung, die in den Wald führt. Bei einer Wegtafel gehen wir Richtung Schnifis. Achtgeben: Bei der nächsten Waldlichtung kommen wir zum „Parcours". Dort biegen wir vom Güterweg rechts auf den weiß-blau-weiß markierten Fußweg ab. Bei der Stelle, wo man auf die Schnifiser Kirche hinabsieht, verlassen wir den markierten Weg und gehen geradeaus nach Schnifis. Beim Ghs. Adler gelangen wir in den Ort und gehen bis zur Kirche.

Rückweg über die Montiolaweiher: Vor dem Dorfbrunnen führt eine Straße rechts hinauf. Bevor wir auf die Autostraße kommen, biegt unser Weg rechts ab. Wir steigen zum weithin sichtbaren Ghs. Walgaublick auf. Beim zweiten Haus suchen wir am Waldrand ein Drehkreuz. Am Ghs. Walgau vorbeigehend finden wir an der folgenden Straße eine Wegtafel Richtung Fallersee. Ein herrlicher alter Höhenweg führt bis zu einer Weggabelung bei der Straße, wo wir geradeaus auf der Asphaltstraße absteigen. Wir überqueren dann die breite Straße ins Großwalsertal und treffen gegenüber am Waldrand auf eine blau-weiß markierte Straße nach Thüringen. Nach einem Tal mit Schilfbeständen folgt ein Wegkreuz an einer Kreuzung. Wir gehen auf den beschilderten Weiherweg bis zu den Montiolaweihern und finden rechts den rot-weiß markierten Weg. Nach dem Wasserfall erreichen wir Thüringen, wo wir rechts an der Fabrik vorbei zum Ausgangspunkt abkürzen können.

Thüringen im Walgau.

68 Nüziders — Muttersberg, 1402 m

Wanderung auf eine Bergparzelle

Nüziders — Laz — Muttersberg — Bludenz — Nüziders

Talort: Nüziders, 562 m.
Ausgangspunkt: Gemeindeamt Nüziders.
Parkmöglichkeit: In der Nähe der Kirche.
Gehzeiten: Nüziders — Muttersberg 2½ Std., Rückweg über Bludenz 2½ Std.
Anforderungen: Wanderung auf Wald-

und Güterwegen. Man beachte die Abzweigungen.
Höchster Punkt: Muttersberg, 1402 m.
Einkehrmöglichkeiten: Ghs. Schönblick in Laz, Café-Restaurant Muttersberg.
Sehenswertes: Der Rätikonblick vom Muttersberg aus.

Diese zünftige Wanderung bringt viel Abwechslung und schöne Rastmöglichkeiten, besonders auf den Bergparzellen.

Aufstieg über die Parzelle Laz: Vom Gemeindeamt führt bei einer Wegtafel der Lazer Meßweg in 50 Minuten zur Walsersiedlung Laz. Vom Haus Nr. 7 in Nüziders führt die Dr.-Vonbun-Straße auf den Lazer Meßweg. Eine Linksabzweigung über dem Bach lassen wir unbeachtet. Bei der nächsten unmarkierten Weggabelung geht rechts ein steiler Weg hoch. Weiter oben kommt ein Wegweiser Richtung Laz und Muttersberg. Die Parzelle Laz, ein Aussichtspunkt auf halbem Weg zum Muttersberg, ist dauerbesiedelt. Die folgende Straße führt rechts am Wegweiser zum Muttersberg vorbei durch die Ansiedlung von Laz zum Ghs. Schönblick am Ende der Asphaltstraße. Nach dem Gasthaus folgen nach 150 m eine Bank und eine Naturschutztafel. Dort zweigt ein Fußpfad links hinauf ab. Er überquert eine neue Straße und führt 30 m danach bei einer rot-weiß-roten Markierung weiter hinauf. Unser Weg mündet auf eine Straße, auf der wir rechtshaltend das Café-Restaurant Muttersberg erreichen.

Nüziders, im Hintergrund der Rätikon.

Zum Abstieg zweigt man hinter dem Café zwischen einer Bank und der Naturschutztafel rechts auf einen Fußweg ab. Dieser mündet auf die mit Armatin-Höhenweg bez. Straße, auf der wir knapp 10 Minuten weitergehen, bis nach einer Kurve eine Jagdhütte unter einem Lawinenschutz zu sehen ist. Von dort aus rechts auf dem mit „Aalener Hütte" bez. Weg weiter. Einen von rechts herabkommenden Weg beachten wir nicht, sondern steigen weiter ab. Das Wegstück ist rot markiert. Wir gelangen in ein waldfreies Tal mit mehreren Hütten. Dort zweigen wir 100 m vor dem Bach rechts auf einen Fußweg ab, der an drei Hütten vorbei führt.

Wir befinden uns auf dem alten Muttersbergweg, der die Hütten von Muttersberg dem Galgentobel entlang mit Hinteroferst und Nüziders verbindet. Bei einer Kapelle erreichen wir die Straße. Etwa 400 m nach der Kapelle, dort, wo die Straße flach wird, biegt gut sichtbar der rot-weiß-rote alte Muttersbergweg ins Tal ab. Bei einer Naturschutztafel vor der Asphaltstraße zweigt man rechts ab und überschreitet dann die Straße, um auf einen Fußpfad ohne Markierung abzusteigen. Bei einer Weggabelung in der Nähe der Tafel Kreuzboden gehen wir am Hang entlang, ohne ins Tal abzusteigen, rechts nach Nüziders. Wir benützen dabei den blau-weiß markierten Jennybodenweg (Tafel etwas versteckt angebracht).

69 Nüziders — Ludescherberg, 1087 m

Alter Fußweg zur Bergparzelle

Nüziders — Laz — Ludescherberg — Frohe Aussicht — Hüsle — Nüziders

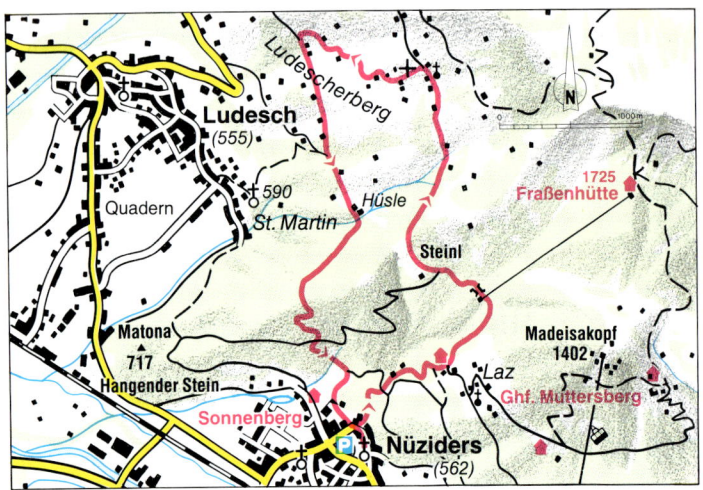

Talort: Nüziders, 562 m, alte Siedlung bei Bludenz.
Ausgangspunkt: Gemeindeamt Nüziders.
Parkmöglichkeit: In der Nähe der Kirche.
Gehzeiten: Nüziders — Ludescherberg 2½ Std., Rückweg über Frohe Aussicht 2 Std.

Anforderungen: Beim Abstieg Wegsuche über Wiesen.
Höchster Punkt: Ludescherberg, 1087 m.
Einkehrmöglichkeiten: Ghs. Frohe Aussicht, zwei Gasthöfe und zwei Cafés in Nüziders.
Sehenswertes: Die Naturlandschaft um Ludescherberg.

Auf dieser Wanderung lernen wir nicht nur ein für heutige Begriffe fast unberührtes Gebiet kennen, wir haben auch Ausblicke in vier verschiedene Täler und sehen damit auf die ganze Umgebung hinab. Wir wandern auf nur noch wenig benützten Graswegen.

Aufstieg über Laz: Beim Gemeindeamt weist eine Tafel auf den Lazer Meßweg nach Laz und Ludescherberg. Hinter dem Haus Nr. 2 (Pfarrhaus) rechts, dann geradeaus auf den Römerweg. Beim Wegweiser Richtung Gaßner Eck gehen wir links in den Wald hinauf. Auf dem folgenden Güterweg weist links ein Schild nach Laz (rot-weiße Markierung). Wir gehen dort nicht zum Elektrizitätswerk, sondern auf steilem Weg bis zu den unteren Häusern der Walser Bergparzelle Laz. An der Straße führt die Wegtafel nach Ludescherberg auf die beschilderte Forststraße. Bald kommen wir auf die freien Hänge von Ludescherberg, es folgen die Kapelle und dann das alte Schulhäuschen. Danach zweigen wir vor einem Bauernhaus mit Silo links auf einen Traktorenweg ab. Am Ende des Weges gehen wir geradeaus auf Traktorenspuren weiter. Dann rechts auf einen deutlichen Traktorenweg, der in einen Wiesenpfad mündet. Die folgenden Fahrspuren führen direkt zum Ghs. Frohe Aussicht (ganzjährig geöffnet).

Rückweg nach Nüziders: Vom Gasthaus gehen wir auf der Asphaltstraße Richtung Bludenz. Bei der ersten Kurve zweigt ein asphaltierter Güterweg aufwärts zum ,,Hüsle-Bur'' ab. An dessen Blockhaus vorbei führt ein Güterweg mit Schranke, dem wir folgen. Dann auf einem Fußweg mit verwitterter Markierung durch den Wald hinab. Der nun folgende Güterweg führt rechts, dann links an der Ruine Sonnenberg vorbei zum nahen Ausgangspunkt in Nüziders.

Bludenz mit Höhenparzelle Laz.

70 Rundwanderung von Bludenz aus
Wanderung über Anhöhen im Klostertal

Bludenz — Rungelin — Gastastigele — St. Leonhard — St. Peter — Bludenz

Talort: Bludenz, 588 m, Alpenstadt am Eingang zu fünf Tälern.
Ausgangspunkt: Ghf. Stern.
Parkmöglichkeit: Beim Friedhof.
Gehzeiten: Bludenz — St. Leonhard 1½ Std., St. Leonhard — Bludenz 1¼ Std.
Anforderungen: Leichter Spazierung.

Höchster Punkt: Gastastigele, 700 m.
Einkehrmöglichkeiten: Keine.
Sehenswertes: Das Altarbild in der Kapelle von Rungelin, der Blick ins Klostertal, die alte Kapelle St. Leonhard (Schlüssel beim Nachbarn). Die Alpenstadt Bludenz.

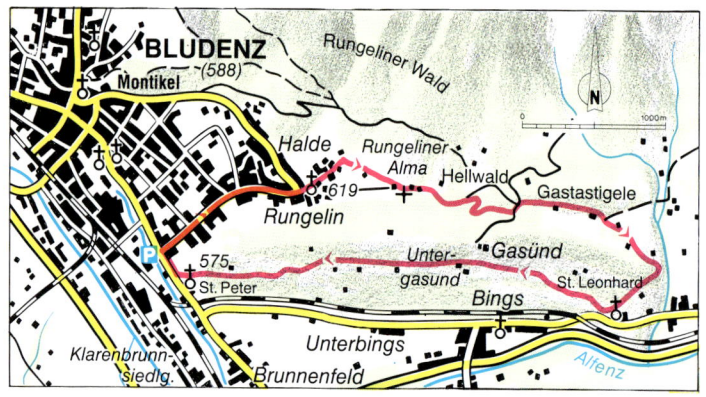

Diese Rundwanderung führt sehr angenehm in leichtem Auf und Ab am Bergfuß des Klostertales entlang. Wir durchstreifen eine Wald- und Wiesenlandschaft und kehren auf einem anderen schönen Weg zurück.

Von Bludenz den Höhenweg entlang: Zwischen Ghf. Stern und Friedhof folgen wir dem Wegweiser nach Rungelin. Dort steigt ein Sträßchen bergwärts. An der Kapelle gehen wir links vorbei in die Außergasse. Vor einer Brunnenstube bei den obersten Häusern zweigt rechts ein Fußweg ab. Nach dieser schönen Hangsiedlung folgt die Weide der Rungeliner Alma. Wir gehen weiter Richtung Gastastigele. Es folgt der blau-gelb markierte Hellwald. Am Gastastigele gehen wir Richtung St. Leonhard Wegweiser. Ein Jägerstand verlockt als idealer Rastplatz mit Bank, denn von hieraus hat man einen herrlichen Blick ins Klostertal mit dem markanten Roggelskopf im Hintergrund. Bei drei Heuhütten vom Römerweg nach rechts auf einen Wiesen-

Bludenz gegen die Lechtaler Alpen.

weg. Bei einem Bildstock folgt eine Schotterstraße. Vor der Autostraße zweigen wir rechts auf die alte Straße nach St. Leonhard ab.

Über den Klosterweg zurück: Nach der Kapelle rechts zwischen einem Brunnenhäuschen und einem Bauernhaus hindurch; nach einer Wiese finden wir einen unmarkierten, kaum noch begangenen Fußweg, der am Hang leicht steigend links zu einigen Heuhütten führt. Links von einer Stromleitung trifft man auf Traktorenspuren, denen wir bis zu einem Bauernhaus in Untergasünd folgen. Von dort führt ein Traktorenweg, dann eine Straße nach Bludenz. Die Rechtsabzweigung zum Müllplatz lassen wir außer acht und folgen der Straße bis zu unserem Ausgangspunkt.

71 Hoher Fraßen, 1979 m
Leicht erreichbarer Aussichtsberg

**Bludenz — Muttersbergbahn — Muttersberg — Fraßenhaus — Hoher Fra-
ßen — Tiefenseesattel — Muttersberg**

Talort: Bludenz, 588 m, Alpenstadt zwischen hohen Gebirgsgruppen. Bludenz
liegt im Schnittpunkt von fünf Hochtä-
lern, viele Wandermöglichkeiten.
Ausgangspunkt: Talstation der Muttersbergbahn.
Parkmöglichkeit: Bei der Talstation.
Gehzeiten: Bergstation — Hoher Fraßen
2 Std., Hoher Fraßen — Tiefenseesattel
— Bergstation 2½ Std.

Anforderungen: Unschwieriger, aber
steiler Aufstieg. Beste Jahreszeit: Ende
Juni bis Ende September.
Höchster Punkt: Hoher Fraßen, 1979 m.
Einkehrmöglichkeiten: Madeisastüble,
Fraßenhaus.
Sehenswertes: Die gegenüberliegenden
bekanntesten Gipfel des Rätikons. Die
Altstadt von Bludenz mit altertümlichen
Bauwerken, Toren und Laubengängen.

Bludenz mit Zwölferkopf, Zimba und Schesaplana.

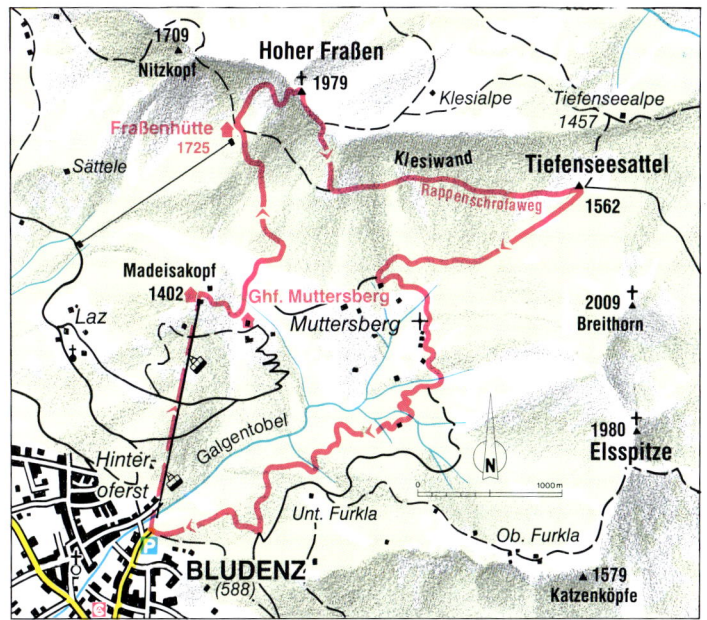

Diese Wanderung ist sehr beliebt. Der Aufstieg auf den Gipfel wird durch einen unvergeßlichen Einblick in den gegenüberliegenden Rätikon-Hauptkamm belohnt. Der leichtere Abstieg über den Tiefenseesattel führt durch ein Pflanzenschutzgebiet.

Aufstieg zum Gipfel: Nach der Bergstation lassen wir das Madeisastüble rechts und gehen auf dem unmarkierten Weg links an diesem vorbei. Nach einer guten Stunde erreichen wir die Fraßenhütte. Ein blau-weiß markierter Weg führt nun auf den Hohen Fraßen. Die Aussicht vom freistehenden Gipfel übertrifft noch das bisher Gesehene.

Abstieg: Beim Gipfelkreuz und auf dem Kamm ist auf den Wegweiser zum Tiefenseesattel zu achten. Auf der Alpwiese folgt man der blau-weißen Markierung. Dann links auf dem Rappenschrofaweg zum Tiefenseesattel (Tafel). Vom Tiefenseesattel, von dem man die Rote Wand sieht, weiter auf dem Güterweg Richtung Muttersberg. Schon nach 200 m kann man links bei einem Drehkreuz auf den alten Weg abzweigen, der gut zu gehen ist. Vor einem Tümpel gehen wir rechts 20 m aufwärts und erreichen die Abkürzung zur Muttersbergbahn.

72 Bürser Schlucht — Bürserberg

Schluchtweg zu einer hochgelegenen Siedlung

Bürs — Bürser Schlucht — Bürserberg — Außerberg — Bürs

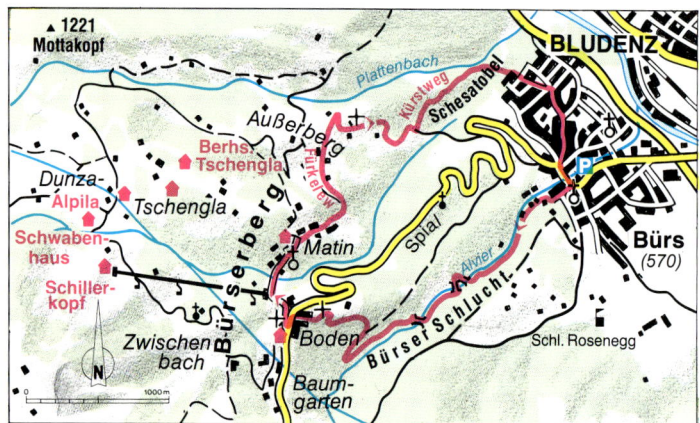

Talort: Bürs, 570 m, Dorf am Eingang zum Brandnertal.

Ausgangspunkt: Gemeindeamt in der Nähe der Kirche.

Parkmöglichkeit: Parkplatz hinter dem Gemeindeamt.

Gehzeiten: Aufstieg nach Bürserberg 1¼ Std., Abstieg über Außerberg 1½ Std.

Anforderungen: Unschwierige Wanderung.

Höchster Punkt: Bürserberg, 871 m.

Einkehrmöglichkeiten: In Bürserberg drei Gasthäuser und Hotels am Weg.

Sehenswertes: Der Felsenkessel am Eingang der Schlucht, die Bürser Schlucht, die Streusiedlung Bürserberg.

Der Gang durch diese tiefe Schlucht vermittelt einen Eindruck davon, wie sich ein Wildbach durch ein Felsmassiv frißt. Ein Höhenweg führt dann mit meist freier Sicht auf den Bludenzer Raum gleichmäßig fallend wieder zurück.

Aufstieg durch die Schlucht: Wir wandern den Alvierbach entlang in die Schlucht hinein. Nach Überschreitung des Baches führt der blau-weiß markierte Waldweg ¼ Std. am Bach entlang, bis bei einem Wegweiser nach Bürserberg die blau-weiße Markierung rechts hinauf abbiegt. Bei einer Abzweigung (Bürserberg) gehen wir links. Der Weg mündet auf einen Forstweg, dem wir links folgen (Wegweiser zum Ghs. Gemse in Bürserberg). Aus der dunklen, romantischen Schlucht kommend, sind die sonnigen Wiesenhänge von Bürserberg mit den Bergen ringsum ein überraschender Anblick.

Die Bürser Schlucht.

Sonniger Rückweg über Außerberg: Wir kommen beim Ghs. Gemse heraus und überqueren halb rechts die Hauptstraße. Bei der Übersichtstafel Bürserberg rechts nach Außerberg. Bei einer Abzweigung weist dann eine Tafel auf den Außerbergweg nach Bürs. Wir bleiben auf dem Asphaltsträßchen bis zum Wegweiser nach Außerberg, wo wir links den Fürkeleweg einschlagen. Auf einem prächtigen Höhenweg erreichen wir die Häuser von Außerberg. Nach den letzten Häusern weist ein Schild nach rechts auf die Abzweigung zum Kürstweg (weiß-rote Markierung). Ein Weg mit Blick ins Tal führt Richtung Bürs; eine Straße rechts zu einem Hof bleibt unbeachtet.

Auf neuem Asphaltsträßchen bis zu einer Schranke, wo eine Tafel die Rechtsabzweigung nach Bürs anzeigt. Der grobe Schotterweg führt auf eine Brücke über den Schesabach. Im Wald weist die rot-weiße Markierung rechts auf einen Waldweg, den wir zur Vermeidung der Autostraße benützen. Diese überqueren wir nur und erreichen auf dem Waldweg den Ortsrand von Bürs.

73 Schillerkopf, 2006 m

Felsgipfel im Tschenglagebiet bei Bürserberg

Ronasäge — Schillersattel — Schillerkopf — Alter Stattweg — Ronasäge

Talort: Bürserberg, 871 m, Bergdorf im Brandnertal.
Ausgangspunkt: Ronasäge in der Parzelle Dunza.
Parkmöglichkeit: Wanderparkplatz bei der Ronasäge.
Gehzeiten: Ronasäge — Schillersattel 2 Std., Schillersattel — Schillerkopf 1½ Std., Schillerkopf — Alter Stattweg — Ro-

nasäge 2 Std.; Gesamtgehzeit: 5½ Std.
Anforderungen: Trittsicherheit und Schwindelfreiheit erforderlich. Beste Jahreszeit: Ende Juni bis Ende September. Höhenunterschied im Anstieg: 756 m.
Höchster Punkt: Schillerkopf, 2006 m.
Einkehrmöglichkeiten: Auf der Tschengla.
Sehenswertes: Das Naturdenkmal Kessiloch, eine große Gipsdoline.

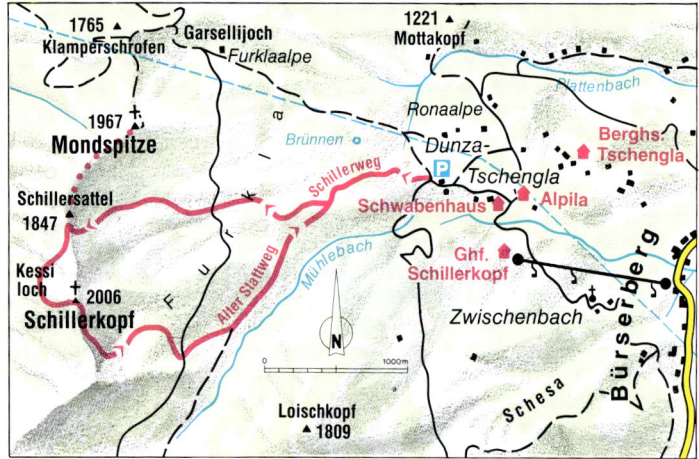

Die Tschengla liegt auf einem landschaftlich hervorragenden Gebiet; bei dieser Wanderung wird uns die ganze Umgebung vertraut. Die Route ist gut markiert.

Der Aufstieg: Bei der Standorttafel Ronasäge gehen wir rechts Richtung Mondspitze (weiß-roter Kreis) und zweigen dann auf den Schillerweg (rotweißes Dreieck). In einer grünen Mulde vor dem oberen Grat Vorsicht: nicht auf einen wilden Weg rechts abweichen, der etwas schwierig markierungslos hinaufführt. Links auf markiertem Weg zum Schillersattel. Unter dem Gipfel umgehen wir das Naturdenkmal Kessiloch am oberen Rand. Es ist mit etwa 250 m Breite und 200 m Tiefe die größte Doline im Land. Sie ent-

Tschengla mit Zimba.

stand durch Auswaschung eines Gipsvorkommens unter dem festen Gestein und gab früher dem Berg den Namen Kessikopf. Später wurde er
wegen seinem gesichtsähnlichen Gipfelprofil Schillerkopf genannt.
Die prächtige Gipfelrundsicht umfaßt den Schesaplanastock, die benachbarte Zimba und das Klostertal, das sich zu unseren Füßen gegen die Lechtaler Alpen zieht. In Norden liegt das Bregenzerwaldgebirge, und jenseits
des Rheintals grüßt der Bodensee herauf.

Beim Abstieg wählen wir wenige Minuten nach dem Gipfel eine mit weißrotem Dreieck markierte Linksabzweigung. Der unschwierige Weg führt auf
eine Güterstraße, den Furka-Höhenweg. Dieser wird überquert und wir folgen dem mit einem Dreieck markierten Fußweg, der auf den Alten Stattweg
mündet (rot-weiß-rote Markierung). Dann wieder auf den Schillerweg, den
wir vom Aufstieg her kennen, und zum Ausgangspunkt zurück.

Abstecher auf die Mondspitze: Vom Schillersattel aus ist es möglich, einen
Abstecher auf die rechts liegende, 1967 m hohe Mondspitze zu machen, von
der eine schöne Aussicht auf den Walgau geboten ist. Ein guter Steig überwindet die 120 Höhenmeter.

74 Panüelerkopf, 2859 m

Zweitagestour auf den zweithöchsten Rätikongipfel

Brand — Oberzalimhütte — Mannheimer Hütte — Panüelerkopf — Straußsteig — Oberzalimhütte — Brand

Talort: Brand, 1037 m (vgl. Tour 75, 76), Ferienort und Ausgangspunkt für Touren auf den Rätikon-Hauptkamm.
Ausgangspunkt: Talstation der Palüdbahn.
Parkmöglichkeit: Parkplatz in der Nähe der Talstation.
Gehzeiten: Brand — Oberzalimhütte 3½ Std., Oberzalimhütte — Mannheimer Hütte 2½ Std. — Mannheimer Hütte — Gipfel ¾ Std., Abstieg über Straußsteig nach Brand 4½ Std.; Gesamtgehzeit: erster Tag 6 Std., zweiter Tag 5¼ Std.
Anforderungen: Gute Kondition, Trittsicherheit, Schwindelfreiheit und etwas Übung im Felsgehen erforderlich. Beste Jahreszeit: Anfang Juli bis Ende August. Höhenunterschied im Anstieg: erster Tag 1617 m, zweiter Tag 180 m.
Höchster Punkt: Panüelerkopf, 2859 m.
Einkehrmöglichkeiten: Oberzalimhütte (geöffnet Ende Juni bis Ende September; 34 L.), Mannheimer Hütte (geöffnet Ende Juni bis Ende September; 30 B., 113 L., 35 Nl.).
Sehenswertes: Der Brandner Gletscher mit der Schesaplana, und die Gipfelrundsicht.

Diese wunderschöne Tour ist nicht überlaufen und wird besonders Freunde einer zünftigen Felsroute begeistern. In zwei Tagen mit einer Hüttenübernachtung ist diese Wanderung gut zu bewältigen.

Aufstieg zu einer der Hütten: Nahe bei der Palüdbahn, zwischen einem Stall und dem Haus Mittagsspitze, zweigt gleich am Beginn der Fahrstraße ein Fußweg Richtung Zalimtal ab. Von der Oberzalimhütte kann man den Rucksack zur Mannheimer Hütte hochziehen lassen. Weiter über den Leibersteig; eine Tafel vor der Hütte zeigt die Richtung an. Dieser Steig ist nur für Geübte geeignet. Eine Rechtsabzweigung auf die Spusagangscharte beachten wir nicht, sondern bleiben auf dem Leibersteig, der am Rande des Gletschers endet; ein Wegweiser zeigt links die Richtung zur Mannheimer Hütte. Nach der Übernachtung weiter auf dem Straußsteig (Tafel, rot-weiße Markierung). Es folgt ein Wegweiser zum Panüelerkopf, dem wir folgen. Der etwa 110 m hohe Abstecher auf den Gipfel ist nur mit Steinmännchen markiert, doch gut zu finden. Die Rundsicht reicht bei klarem Wetter vom Ortler bis zur Bernina.

Abstieg über den Straußsteig: Vom Gipfel an den Steinmännchen entlang wie beim Aufstieg bis zum Wegweiser Richtung Nenzinger Himmel. (Von hier kann man auch auf dem Leibersteig absteigen.) Die Beschreibung folgt dem mit rot-weißem Kreis markierten Straußsteig. Eine Leiter und Drahtseile mit Metallgriffen erleichtern den Abstieg auf der kühnen Steiganlage. Wichtig ist die sorgfältige Verfolgung der richtigen markierten Tritte. Ein Abkommen von

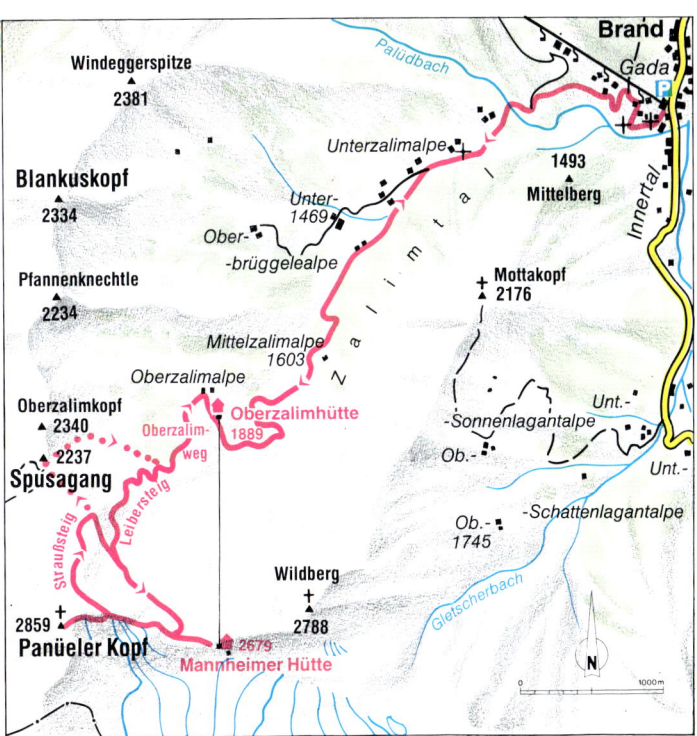

der Route wäre sofort gefährlich. Zwei Kletterstellen sind für Geübte leicht zu nehmen. Bei einer Tafel „Verbindungsweg zum Leiberweg" bleiben wir links auf dem neu weiß-rot markierten Weg Richtung Nenzinger Himmel. Nach einer Eisenleiter folgt eine Wegtafel; hier rechts auf dem Oberzalimweg zum nahen Oberzalimsattel (Tafel). Ein Schild weist auf den rot markierten Weg zur Oberzalimhütte, die schon zu sehen ist. Im obersten Weidegebiet ist darauf zu achten, daß man nicht auf unmarkierte Kuhwege kommt. Der Oberzalimweg trifft dann auf den breiten blau-weiß markierten Leibersteig, der bald bei der Hütte mündet. Von der Hütte ist der Abstieg nach Brand auf dem Aufstiegsweg leicht zu finden. Besonders beeindruckend ist die gewaltige Felswand, die auf der Westseite des Schesaplanastockes zum Nenzinger Himmel abstürzt. 1000 Höhenmeter fällt diese höchste Wand des Rätikons fast senkrecht in die Tiefe.

75 Lüner See — Lüner Krinne, 2155 m

Seeumrundung von besonderer Schönheit

Lüner-See-Bahn — Lüner Krinne — Lüner-See-Alpe — Douglasshütte

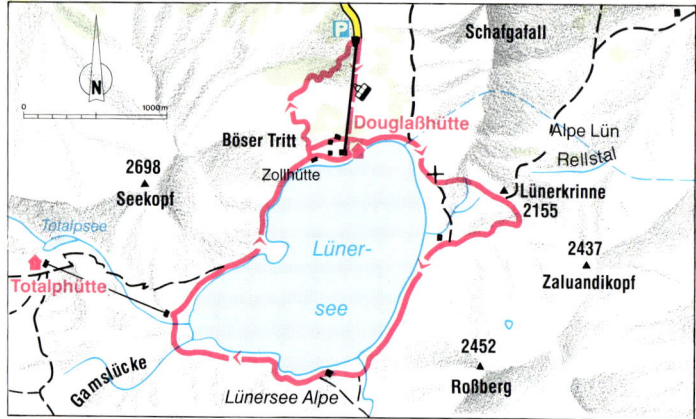

Talort: Brand, 1037 m, Feriendorf.
Ausgangspunkt: Talstation der Lüner-See-Bahn, 5 km von Brand.
Parkmöglichkeit: Parkplätze bei der Lüner-See-Bahn.
Gehzeiten: Bergstation — Lüner Krinne 1 Std., Lüner Krinne — Seeumrundung zur Douglasshütte 1¼ Std.

Anforderungen: Gute Wege, auch für Kinder geeignet.
Höchster Punkt: Lüner Krinne, 2155 m.
Einkehrmöglichkeiten: Douglasshütte (geöffnet Ende Mai bis Anfang Oktober, 75 B.), Lüner-See-Alpe.
Sehenswertes: Die Alpenflora zur Blütezeit und der bergumrahmte Lüner See.

Diese Umwanderung des Lüner Sees führt in ein Naturschutzgebiet um den aufgestauten großen Alpensee. Der kleine Anstieg auf den Übergang ins Nachbartal vermittelt einen guten Überblick über die ganze Umgebung.

Anfahrt und Rundgang: Anfahrt über Bludenz nach Brand bis Schattenlagant. Wir fahren mit der Lüner-See-Bahn bis zur bewirteten Douglasshütte. Vor der Bergstation befindet sich eine Orientierungstafel. Wir gehen links zur Lüner Krinne hinauf (rot-gelbe Markierung).

Bereits bei der Überschreitung der Staumauer zieht uns die blaugrüne Fläche des Sees und die liebliche Bergumrahmung in ihren Bann. Beim nachfolgenden Aufstieg bietet sich auf einer steil über dem See aufragenden Felsenkanzel (Leitungsmast) der schönste Ausblick auf den See. Bei der nächsten Weggabelung links aufwärts zur Lüner Krinne. Der Weg, wo man Murmeltiere beobachten kann, führt empor bis zur Tafel „Lüner Krinne, 2155 m";

von hier aus ist das herrlich grüne Rellstal zu sehen. Hier oben ist der Höhepunkt unserer Tour, und es ist äußerst lohnend, sich in diesem Schrofenge-
biet näher umzusehen. Nette Rastplätze mit Ausblick auf den See, die selten reiche Alpenflora oder einfach die Schönheit dieses Platzes laden zu
längerem Verweilen ein.

Zum Abstieg begeben wir uns wieder zur Tafel „Lüner Krinne"; von der wir
seewärts nach links hinab zum nahen Wegweiser Richtung See und Cavelljoch gehen und dort wieder links hinab abzweigen (rot-weiße Markierung).
Bei einer Holzhütte treffen wir auf den Uferweg, dem wir nach links folgen.
Auf halbem Weg kommen wir bei der Lüner-See-Alpe vorbei, wo man sich
bei Milch und Käse stärken kann.

Zur restlichen Seeumwanderung heißt es noch tüchtig ausschreiten, doch
die Blumenpracht und die reizvolle Landschaft lassen den Naturfreund die
Zeit vergessen.

Lüner See.

76 Großer Valkastiel, 2449 m

Eine kleine Hütte und ein abgelegener Gipfel

Brand — Sarotlahütte — Großer Valkastiel — gleicher Weg zurück (eineinhalb Tage)

Talort: Brand, 1037 m, Ausgangspunkt vieler Rätikontouren. Beliebter Sommer- und Winterurlaubsort.
Ausgangspunkt: Am Ortseingang Abzweigung zur Sarotlahütte.
Parkmöglichkeit: Parkplatz nach der Ortstafel.
Gehzeiten: Brand — Sarotlahütte 2¼ Std., Sarotlahütte — Großer Valkastiel 3 Std., Großer Valkastiel — Brand 4 Std.
Anforderungen: Für gute Geher; Geröll

auf dem Weg zum Gipfel. Beste Jahreszeit: Anfang Juli bis Ende September. Höhenunterschied im Anstieg: erster Tag 661 m, zweiter Tag 838 m.
Höchster Punkt: Großer Valkastiel, 2449 m.
Einkehrmöglichkeit: Sarotlahütte (geöffnet 20./25. Juni bis Ende September; 42 L.).
Sehenswertes: Das gegenüberliegende Felshorn der Zimba.

Eine Gipfelwelt im Urzustand erwartet den Wanderer im Schatten der vielbesuchten Zimba.

Am ersten Halbtag zur Hütte: Vom Parkplatz 40 m auf der Straße zurück zum Wegweiser Richtung Sarotlahütte. Ein weiß-rot markierter Weg führt

Bergbauern.

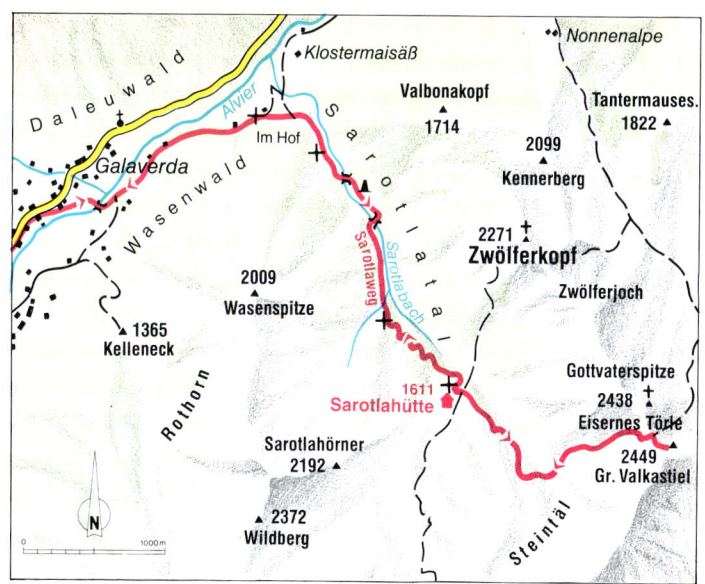

über den Alvierbach. Nach etwa 1½ km zweigt bei der Tafel „Im Hof" der gelb-rot markierte Sarotlaweg rechts ab. Der steile Pfad folgt dem Sarotlabach, der auf halber Höhe zur Hütte in drei Kaskaden über eine Felsstufe herabstürzt. Die kleine, heimelige Sarotlahütte dürfte die letzte im Land sein, die vom Tal aus nur mit Saumpferden versorgt wird.

Gipfelaufstieg: Nach Übernachtung suchen wir hinter der Hütte links den Wegweiser zum Eisernen Törle und den blau-weiß markierten Weg. (Achtung, Markierung nicht verlieren.) In Gratnähe erkennt man bald das mit einem übergroßen blau-weißen Markierungsfleck gekennzeichnete Eiserne Törle. Etwa 100 Schritt vor diesem zweigt eine deutliche Spur nach rechts (Süden) zum Valkastiel ab, der wir markierungslos über eine Schutthalde folgen. Auch vom Eisernen Törle führt eine Spur an die gleiche Stelle. Wir wollen den rechts vom Eisernen Törle liegenden Großen Valkastiel in einem Bogen besteigen. Bald sieht man ein Vermessungszeichen rechts vom Gipfel. Die Aussicht wird durch die unverwechselbare Zimba, die Königin dieser Gruppe, beherrscht. Dahinter der dunkle Schesaplanagipfel mit dem Brandner Gletscher.

Der Abstieg erfolgt auf dem Aufstiegsweg.

77 Schesaplana, 2965 m

Der Stolz des Rätikons

Brand — Lüner-See-Bahn — Totalphütte — Schesaplana — Schesaplana-hütte — Cavelljoch — Lüner See — Brand (eineinhalb Tage)

Talort: Brand, 1037 m, Sommerferienort und Wintersportplatz.
Ausgangspunkt: Talstation der Lüner-See-Bahn.
Parkmöglichkeit: Große Parkplätze.
Gehzeiten: Erster Tag: Bergstation — Totalphütte 2½ Std.; zweiter Tag: Totalphütte — Schesaplana 1½ Std., Schesaplana — Schesaplanahütte 2¾ Std., Schesaplanahütte — Cavelljoch 2¼ Std.; Cavelljoch — Bergstation 2 Std.; Gesamtgehzeit: erster Tag 2½ Std.; zweiter Tag 6½ Std.
Anforderungen: Für Geübte unschwie-

rig. Trittsicherheit und Schwindelfreiheit erforderlich. Nur für schneefreies Wetter geeignet. Beste Jahreszeit: Anfang Juli bis Ende August. Höhenunterschied im Anstieg: erster Tag ab Lüner See 406 m; zweiter Tag ab Totalphütte 580 m und 331 m.
Höchster Punkt: Schesaplana, 2965 m.
Einkehrmöglichkeiten: Douglasshütte (geöffnet Ende Mai bis Anfang Oktober; 75 B., 135 L.), Totalphütte (geöffnet Pfingsten bis Mitte Oktober; 60 L., 40 Nl.).
Sehenswertes: Der weite Rundblick vom Gipfel, die Alpenflora auf der Südseite.

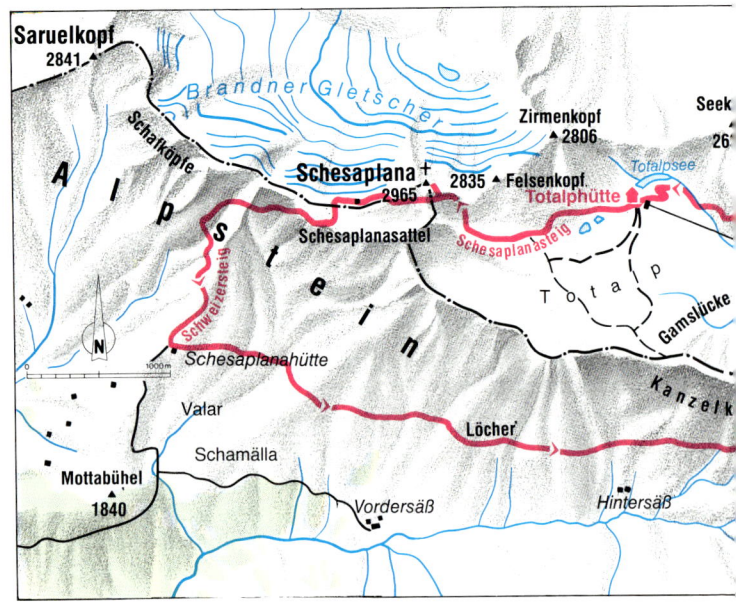

Diese großartige Bergwelt voll auszukosten, sollte uns eineinhalb Tage wert sein.

Der Gipfelaufstieg: Rechts am See entlang bis zur beschilderten Rechtsabzweigung zur Totalphütte. Von der Totalphütte wählt man den am langen Anbau der Hütte beginnenden gelb-rot markierten Schesaplanasteig und kommt zur Tafel „Tote Alpe, 2520 m". Von hier führt der gut bez. Steig, teilweise gesichert, auf den Gipfel. Der Höhe und der freien Lage entsprechend ist der Rundblick überaus weit.

Zum Abstieg vom Gipfel auf dem gleichen Weg zurück bis zu den Wegtafeln. Dort, an der Staatsgrenze, zweigen wir in die angezeigte Richtung zur Schesaplanahütte ab. Einer rot-weiß-roten Markierung folgend, erreichen wir den Schesaplanasattel (die rot-gelben Pfähle führen ebenfalls dorthin). Von hier sieht man die Mannheimer (vormals Straßburger) Hütte jenseits des Brandner Gletschers stehen.

Nun links auf den Abstieg über den Schweizer Steig der Schesaplanahütte zu.

Der markierte Steig führt an den Südabstürzen des Schesaplanastockes entlang. Für diesen großen Abstieg von 1000 Höhenmetern muß genügend Zeit eingeplant werden, da ein hastiges Absteigen bei dem steilen Weg nicht ratsam ist.

Vor der Hütte zeigt ein Wegweiser die Richtung zum Cavelljoch, auf dem wir nicht nur die Staatsgrenze überschreiten, sondern auch von den grünen Weidehängen des Prätigauschiefers wieder in die schroffen Kalkfelsen um den Lüner See wechseln. Falls man die letzte Bahn versäumt, kann man auch in ¾ Std. über den Bösen Tritt zum Ausgangspunkt absteigen. Die Schesaplana trägt oben ein 3 km breites Gletscherfeld. Der Gebirgsstock fällt 2000 m in die Täler ab.

78 Brand — Mottakopf, 2176 m

Wuchtiger Bergstock im Schesaplanagrat

Haltestelle Sonnenlagant — Untere und Obere Sonnenlagantalpe — Mottakopf — gleicher Weg zurück

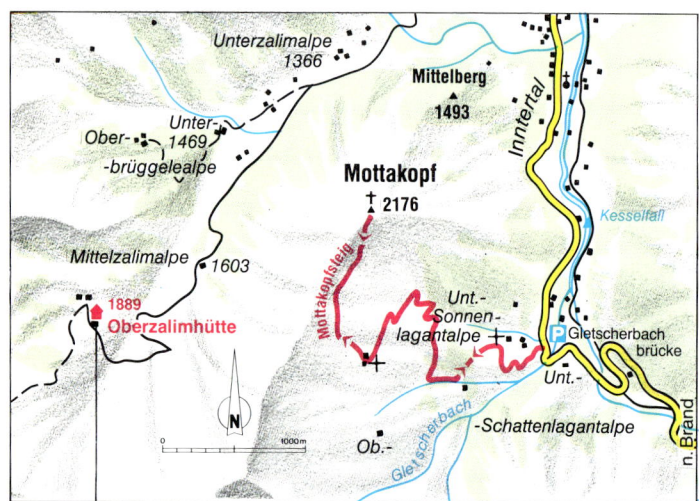

Talort: Brand, 1037 m, Bergdorf mit Ferienbetrieb.

Ausgangspunkt: Postautohaltestelle Sonnenlagant beim Wegweiser Richtung Gletscherbachbrücke und Mottakopfsteig.

Parkmöglichkeit: Parkplatz kurz nach der Brücke rechts.

Gehzeiten: Parkplatz — Mottakopf 3 Std., Abstieg 2 Std.

Anforderungen: Trittsicherheit erforderlich. Nur für schneefreies Wetter geeignet. Beste Jahreszeit: Mitte Juni bis Ende September. Höhenunterschied im Anstieg: 876 m.

Höchster Punkt: Mottakopf, 2176 m.

Einkehrmöglichkeiten: Nur in Brand.

Sehenswertes: Die Felswände und Gipfel des Schesaplanastockes, der Tiefblick in das Brandnertal.

Eine Tour mit großartiger Gipfellandschaft und Blumenpracht. Brand ist ein moderner Höhenkurort. Das große, gut ausgebaute Wegenetz ist markiert. Auf dem gewaltigen, am Rande des Ortes aufragenden Mottakopf, findet man noch eine Ruhe, die ein beschauliches Verweilen ermöglicht.

Aufstieg: Am Bach entlang; nach dem Viehgatter zweigt bei der ersten Kurve die rot-weiße Markierung rechts in die Alpweide ab. Schon der Beginn dieser Bergtour beeindruckt durch eine gewaltige Landschaft. Rechts vor

Brand mit Mottakopf.

uns sieht man den von hier aus breiten Mottakopf. Im Talschluß türmen sich Felswände und Gipfel des hohen Schesaplanastockes. Vor der Unteren Sonnenlagantalpe weist eine zweite Tafel die Richtung.

Bis zur Krummholzregion verkürzen wunderhübsche Blumenwiesen die Zeit. Von den verfallenden Hütten der Oberen Sonnenlagantalpe zieht sich der gut begehbare Steig in kühnem Bogen zur Gipfelregion hoch. Beim Gipfelkreuz überrascht der Blick auf Brand und das Brandnertal. Der höchste Gipfel der Schesaplana grüßt herüber. Rechts davon verdeckt der Wildberg einen Teil des Brandner Gletschers, um ihn dann beim Panüelerkopf wieder freizugeben. Nicht zu übersehen ist der blaue Lüner See, hinter dem die schön geformte Drusenfluh aufragt. Ein gruseliger Tiefblick bietet sich nach Westen, wo eine wilde Schlucht fast senkrecht in den Talboden zur Zalimalpe abstürzt.

Abstieg: Da nur dieser eine Weg existiert, kehren wir auf ihm wieder zum Ausgangspunkt zurück.

79 Brand — Schafgafall, 2414 m

Ein einsamer Gipfel

Lüner-See-Bahn — Douglasshütte — Schafgafall

Talort: Brand, 1037 m.
Ausgangspunkt: Bergstation der Lüner-See-Bahn.
Parkmöglichkeit: Bei der Talstation.
Gehzeiten: Bergstation — Schafgafall 2 Std. Rückweg 1½ Std.
Anforderungen: Steile Grashalde. Trittsicherheit erforderlich. Höhenunter-

schied im Anstieg: 465 m.
Höchster Punkt: Schafgafall-Südgipfel, 2414 m.
Einkehrmöglichkeit: Douglasshütte (geöffnet Ende Mai bis Anfang Oktober; 75 B., 135 L.).
Sehenswertes: Gipslöcher (Dolinen), die Schesaplana mit dem Lüner See.

Bei dieser Wanderung weichen wir den Touristenströmen auf ein wenig begangenes Gebiet mit herrlicher Aussicht aus.

Aufstieg vom Lüner See: Von der Bergstation der Lüner-See-Bahn überqueren wir links die Staumauer und gehen auf dem Lüner-See-Uferweg bis zu dem vorgeschobenen Aussichtspunkt hinauf. Nach 5 Minuten, bei einem Gedenkstein, verlassen wir den Uferweg und folgen dem rot-gelb markierten Lüner Weg Richtung Lüner Krinne (Tafel). Nach 4 Minuten, an einer Stelle, wo der Weg kurz abfällt, links auf einen deutlichen, unmarkierten Fußsteig.

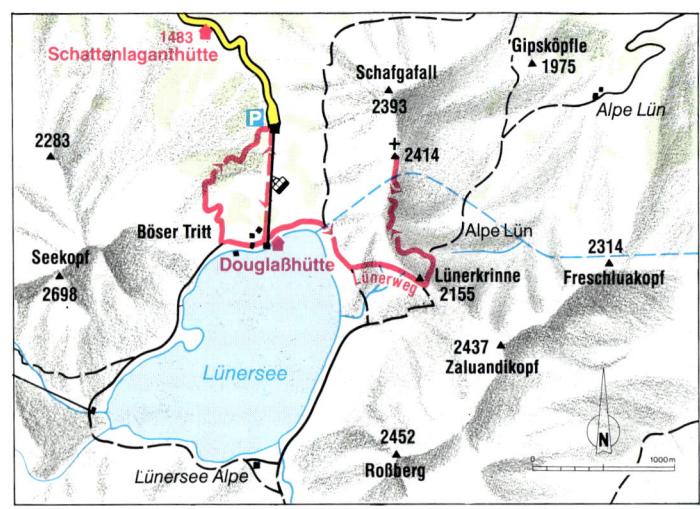

Lüner See mit Schafgafall.

Dann an einem tiefen, trichterförmigen Loch links vorbei, das durch Ausschwemmung eines Gipsvorkommens entstand. Nach mehreren solchen Gipslöchern kommen wir vor den Schafgafall-Südgipfel, dem die weidenden Schafe ihren Namen gaben. Bis zur geschlossenen Grasgrenze ist, eher rechts haltend, ein schwach ausgeprägter Fußpfad zu suchen. Von der steinigen Region an folgen wir den kleinen Steinmännchen zum Gipfel. Hier sind uns der in der Sonne flimmernde See, der Gletscher der Schesaplana, die Drusenfluh und die Sulzfluh sehr nahe.

Der Abstieg erfolgt auf dem gleichen Weg. Nach dem Gipfel dürfen wir uns nicht zu weit rechts ins Geröll begeben.

80 Brand — Saulakopf, 2517 m

Alpiner Steig auf einen verlockenden Felsgipfel

Lüner-See-Bahn — Saulajoch — Saulakopf — Saulajoch — Lüner-See-Bahn

Talort: Brand, 1037 m, Höhenkurort, Sommerfrische und Wintersportplatz im Brandnertal.
Ausgangspunkt: Talstation der Lüner-See-Bahn.
Parkmöglichkeit: Parkplätze bei der Talstation.
Gehzeiten: Talstation — Bergstation 1½ Std., Bergstation — Saulajoch ¾ Std., Saulajoch — Saulakopf 2 Std., Saulakopf — Saulajoch — Bergstation beim Lüner-See 2 Std., Bergstation — Talstation 1 Std.; Gesamtgehzeit von der Bergstation: 4¾ Std.

Anforderungen: Trittsicherheit. Der Weg muß schneefrei sein. Beste Jahreszeit: Juli bis Ende August. Höhenunterschied im Anstieg: 568 m.
Höchster Punkt: Saulakopf 2517 m.
Einkehrmöglichkeit: Douglasshütte.
Sehenswertes: Die Berglandschaft über dem Lüner See.

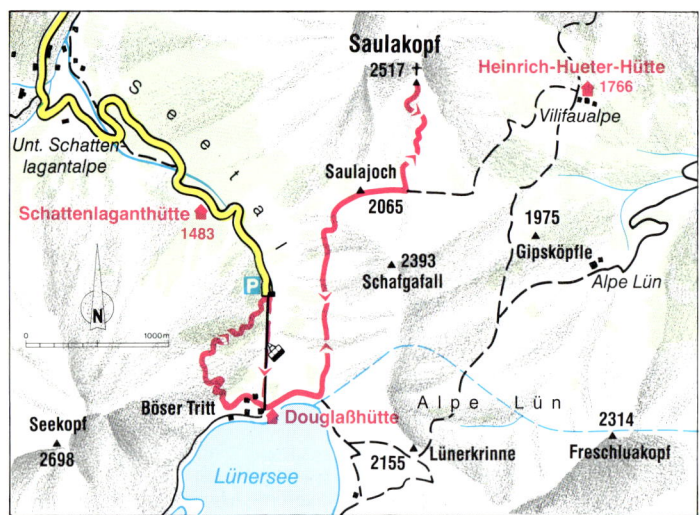

Die Route auf den Saulakopf ist gut markiert. Kritische Stellen sind seilgesichert. Der Steig auf den Gipfel führt in eine schroffe Felslandschaft, ist jedoch für Geübte unschwierig.

Übergang zum Saulajoch und Gipfelaufstieg: Nach der Staumauer folgen wir dem beschilderten Saulasteig. Es dürfen keine Schneereste auf dem

Blick vom Saulakopf auf den Lüner See.

Weg sein. Vom Saulajoch 200 m weiter bis zum Aufstieg auf den Saulakopf (Tafel). Dieser im oberen Teil felsige Steig erfordert zwar etwas Übung, dank seiner guten Markierung ist die Route aber nicht zu verfehlen. Auf dem Gipfel haben wir eine unvergeßliche Rundsicht. In nächster Umgebung erheben sich Schesaplana, Zimba, Drusenfluh, Drei Türme und Sulzfluh. Der blaue Lüner See liegt zu unseren Füßen..

Der Rückweg führt auf der gleichen Route in knapp 2 Stunden zur Bergstation der Bahn.

Kein Wunder, es ist GORE-TEX®.

Beim Klettern, Bergsteigen und Wandern jeden Augenblick genießen! Sich auch bei Wind und Wetter immer warm und trocken, fit und leistungsfähig fühlen. Kleidung mit GORE-TEX®-Funktion sorgt für perfekten Wetterschutz und bestmöglichen Klima-Komfort. Dafür steht die GORE-TEX® Jahresgarantie.

Stichwortverzeichnis

Die Zahlen sind keine Seitenangaben, sondern beziehen sich ausschließlich auf die Tourennummern.